スマホでおもちゃ動かしちゃおう！
MaBeee（マビー）活用ブック

ノバルス公認

MaBeeeで電池に魔法をかけよう！

親子で作れる"工作レシピ"がいっぱい！

子どもだけでできる"初級レベル"

親子で作ろう！"中級レベル"

工作好きのお父さん、お母さん向け"上級レベル"

Jam House

Contents

導入編 楽しさ広がる創造性ふくらむMaBeeeの世界
- MaBeeeでいろんなおもちゃを動かしちゃおう……p.4
- 第1回 MaBeee祭を徹底レポート……p.8
- ［スペシャルインタビュー］
MaBeee開発のスタートは、アイデアを持ち寄る"ヤミ研"から!?……p.12

基本編 MaBeeeのコントロール方法を知ろう
- MaBeeeはどこに売っている？……p.16
- MaBeeeのアプリ……p.17
- おもちゃにMaBeeeをセット……p.18
- 7つの方法でおもちゃを操作……p.20
- 自動車や電車おもちゃ、ライトをコントロール……p.24

今すぐやってみよう!!

作例編 MaBeeeで電子工作にチャレンジ

親子でチャレンジ!!

1　のんびり進む"ペンギンカー" 初
［作者］ジャムハウス……p.28

2　光り方を変えられる"クリスマスイルミネーション" 初
［作者］ジャムハウス……p.33

3　MaBeeeで"ツインモーター自動車"をコントロール 中
［作者］ジャムハウス……p.36

4　風で動き回るサカナを釣って対戦する"釣りMaBeee" 中
［作者］杉山亮介さん……p.42

5　バルーンで浮かぶゆっくり進む"空飛ぶMaBeee" 上
［作者］大谷和利さん……p.50

6　フェイクスイーツが動く！"超高速フローズンドリンク" 上
［作者］鈴木宏明さん……p.58

7　外の風を室内で体感できる"あの風に吹かれて" 中
［作者］益永孝幸さん……p.66

8　スマホで操作する絵本"MASSIRO" 上
［作者］三田克紀さん（情報科学専門学校）……p.74

9　絶対に起きられる目覚まし!?"にげよんくん" 中
［作者］近藤秀彦さん……p.82

導入編

楽しさ広がる創造性ふくらむMaBeee（マビー）の世界

乾電池に魔法をかける!? MaBeeeのヒミツ

MaBeee（マビー）を使えば電車おもちゃや自動車おもちゃを自由にコントロールできます。ほかにも、ライトのひかり方や扇風機（せんぷうき）のまわり方を調整したり、使い方はアイデア次第です。まずは、MaBeeeでできること、驚きのアイデア満載（まんさい）のコンテスト「MaBeee祭」レポート、そしてMaBeee開発のヒミツについて、見てみましょう。

MaBeeeでいろんな

単三乾電池サイズのMaBeeeを
おもちゃに入れると、スマホのアプリから
コントロールできます。

プラレールやミニ四駆などの
電池で動くおもちゃは、
子どもも大人もついつい夢中に
なってしまいますね。
こうしたおもちゃが、
さらに自由自在に
コントロールできるようになったら、
もっと楽しいと思いませんか？

表紙と本ページに登場するタミヤ製品「ワイルドミニ四駆シリーズ No.06 ワイルドザウルス」「楽しい工作シリーズ No.89 歩くティラノサウルス工作基本セット」「タミヤ 楽しい工作シリーズ No.94 歩く象工作セット」

おもちゃを動かしちゃおう！

p.28へ！

p.33へ！

ミニ四駆、プラレール、電子工作おもちゃ、LED電球など、MaBeeeの活用方法はアイデア次第です。上の作品も、本書で作り方を解説しています。

> 乾電池で動くおもちゃをスマホからコントロール

MaBeeeは、乾電池で動くおもちゃをスマホからコントロールできるようにする、魔法みたいな乾電池型のIoT（ネットにつながる機器）です。プラレールやミニ四駆を動かしたり、停めたり、速度を調整したりすることができるようになります。

MaBeeeでコントロールできるのは、おもちゃだけではありません。単三乾電池で動くものならなんでもスマホで操作できるのです。例えば、乾電池式のLED照明の光を調節したり、乾電池式の小型扇風機の風力を調整したりすることもできます。

専用アプリは、iPhone、Androidスマホにダウンロードして使います。
レバーを上下するほか、スマホを振るはやさや、声の大きさでコントロールすることもできます。

※おもちゃや電気製品は各メーカー推奨の環境でお使いください。
それ以外の使い方をする場合には、自己責任となります。

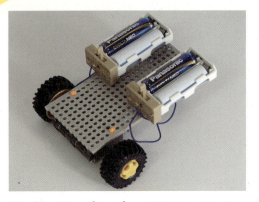
ツインモーターカー（ジャムハウス）
2つのモーターをコントロールして、ラジコンカーみたいに遊べます。→p.36

空飛ぶMaBeee（大谷和利さん）
宙に浮くバルーンをMaBeeeでコントロール。空を自由に飛び回れます。→p.50

> 電子工作や自作おもちゃで遊んでみよう

一部の作品の様子は動画で見られます
▼

自分で作った模型(もけい)や便利グッズなどをMaBeeeで動かせるようにしてみましょう。きっと"便利さ"と"楽しさ"が広がりますよ。本書の「作例編」（27ページから）では、リモコンみたいに自由に動かせる自動車、バルーンで空を飛ぶ模型、みんなで楽しめる釣りゲームなどを紹介しています。

釣りMaBeee（杉山亮介さん）
スマホを振って魚をグルグル動かしましょう。上手に釣り上げられるかな？→p.42

超高速フローズンドリンク（鈴木宏明さん）
フローズンドリンクがいきなりブルブル動きます。ちょっとドッキリしちゃうかも。→p.58

MASSIRO
（三田克紀さん・情報科学専門学校）
LEDがピカピカ光る、美しい電子絵本です。ひかり方はMaBeeeでコントロール。→p.74

あの風に吹かれて（益永孝幸さん）
外に吹く心地よい風を部屋の中に再現します。風が強く吹けば、扇風機も強く回ります。
→p.66

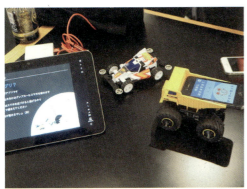

にげよんくん
（近藤秀彦さん）
朝寝坊(ねぼう)対策にバッチリ。逃げるミニ四駆をつかまえられるでしょうか？→p.82

MaBeeeってどんなもの？

MaBeeeとはどんなものなのか、見てみましょう。見た目は単三乾電池と同じ形、サイズです。その中に、単四乾電池を入れられるようになっています。
単四乾電池をセットしたMaBbeeeを電池で動くおもちゃに入れてみましょう。2本以上の電池を使うおもちゃの場合にも、MaBbeeeは1本で、ほかはふつうの電池で大丈夫です。
おもちゃのスイッチは、オンの状態にしておきます。

続いて、スマホからの設定です。スマホにはあらかじめ、「MaBeeeコントロール」のアプリを入れておきます。iPhoneならAppStore、AndroidならGooglePlayストアから入手できます。MaBeeeには、そのほかにも、電車おもちゃや自動車おもちゃ専用のコントロールアプリもあります。
詳しくは、本書の「基本編」（15ページから）を見てください。

単三乾電池サイズのMaBeeeを用意します。

MaBeeeの中に、単四乾電池を入れます。

ふつうの乾電池と同じように、おもちゃにセットして、電源を入れたら準備はOKです。

ソフトとハードの垣根を越える魅力的な作品がいっぱい！
第1回 MaBeee祭を徹底レポート

9月16日に東京渋谷区にあるスマートニュース社のイベントスペースにて「MaBeee祭 2017」が開催されました！ 出展された作品はソフト、ハードに工夫をこらした魅力的な作品ばかり。優秀作品や気になった作品をレポートします。

　おもちゃや家電製品をスマートフォンでコントロールできるようにする、乾電池型IoT（ネットにつながる機器）のMaBeee。このMaBeeeを使ったアイデアを形にする展示発表会＆コンテストが「MaBeee祭」です。親しみやすさや驚き、楽しさを分かち合う場となりました。

　並んだ約40作品は、工夫が光るライフハックから、皆で遊べるゲームまで多種多様です。参加者も工作好きのお父さん、遠方からはるばる参戦した現役の大学生、会社のチームとさまざま。中には小学生の参加者もいました！

　開始時刻は13時からだったものの、皆さん準備のために早くから会場入りしていました。早い人だと10時からだそうで、それでもギリギリまで調整している姿もありました。その雰囲気は学校の文化祭を思わせるようで、準備風景を見ているだけでもわくわくしてきます。

　これらの力作をたっぷり2時間以上かけて審査員の方々が見ます。審査中は制作者の方もほかの作品を見たり、見に来た方々に説明したりと制作者同士の交流も生まれ、終始なごやかな雰囲気でにぎわっていました。

　娘さんと遊ぶために作った、会社の工作好きが集まってアイデアを出したなど制作のきっかけやエピソードを制作者ご本人から聞きながら、実際に体験できるということが会場の楽しい雰囲気を盛り上げてくれます。活発な交流に刺激されて「こんなの作ってみたい」と思うことも。身近な材料で作っている方も多く、新たなアイデアが生まれた方もいたのではないでしょうか。

　そして、待ちに待った授賞式。賞は各審査員賞と大賞でしたが、小学生参加者に感動したとのことで急きょ「未来に期待賞」が作られる場面も。受賞者古山芽衣さんのスピーチは皆さんニコニコしながら聞いていました。

審査員賞・大賞の作品ご紹介

大賞 マインクラフトでクリスマスツリーを光らせる

ゲーム「マインクラフト」内でクリスマスツリーを点灯すると、現実のクリスマスツリーも点灯するというプログラミング。現実のツリーのライトにMaBeeeをセットしています。

審査員コメント 岡部顕宏さん（ノバルス株式会社　CEO）
ディスプレイの中だけで完結させるのではなくハードウェアを組み合わせたいということがMaBeeeを作ったきっかけであり、この作品はそれを体現してくれました。

製作者 中田淳平さん
子どもとマインクラフトで遊んでいて家にあったMabeeとつなげれば子どもを驚かせられるのではと考えました。仮想世界から現実世界に働きかけることへの憧れもあり、それを形にできました。

福岡俊弘賞 おばけライト

MaBeeeを取り付けた懐中電灯の光り方を変えるアプリです。音声モードは声が大きくなると光が弱くなり、心拍モードはスマートフォンのカメラ部分に指をあてることで心拍数のリズムで点滅します。

審査員コメント 福岡俊弘さん（デジタルハリウッド大学教授）
ちょっとした工夫で現実世界を大きく変えるハックマインドを感じました。ライトの明滅を変えるだけで世界がこんなに変わるのかと感動しました。

製作者 伊藤右貴さん
アプリの開発ははじめてで賞をもらえてうれしいです。言っていただいたハックマインドを大事にしていきたいと思います。

このおばけライトは展示方法もひと工夫されていて、布で覆われた暗い箱をライトで照らすと中には教室。そしてよく見ると妖怪やおばけもいてちょっとした学校の怪談を体験できました。

林信行賞 空飛ぶMaBeee

ヘリウムガスを入れた風船にプロペラを取り付けてあり、コントロールできるようになっています。プロペラのモーターはなんと100円ショップの電動ネイルケア。MaBeeeはここにセットされています。

審査員コメント 林信行さん（ジャーナリスト／コンサルタント）
突き抜けた作品。今回の作品の中でも大きな夢をみんなにみせてくれたんじゃないでしょうか。

製作者 大谷和利さん
ロマンとしてMaBeeeを空に飛ばせたかったというのがあります。100円で買える安価な材料で作りました。ただ、ボンベだけは高価なため飛ばすのはぶっつけ本番でしたが飛んでくれて嬉しいです。

風船にプロペラを取り付ける部分は3Dプリンターで出力したそうです。空を飛ぶロマンとリーズナブルな材料は見ている側の「作ってみたい」を刺激します。

佐藤ねじ賞 — MaBeeeを用いた「ゆびろくろ」の製作

指で作るミニチュアサイズのろくろです。アルミ製のターンテーブル部分は町工場で作ってもらった特注品だそうです。MaBeeeで回転をコントロールしています。

審査員コメント 佐藤ねじさん（プランナー／アートディレクター）
"プラレールをMaBeeeで動かす"というよく知られている文脈を越えるものを探しており、これはMaBeeeがなければできないもの。おもちゃ以外の分野の可能性を感じました。

製作者 市川智章さん
15年ほど陶芸をやっていて、今回ミニチュアサイズのろくろを作りたいと思っていたところMaBeeeと出会いました。このゆびろくろをきっかけに陶芸を広めていきたいです。

このゆびろくろで作った陶器（とうき）はミニチュアでとても可愛らしく、陶器を日常に気軽に取り入れるチャンスになるかもしれません。用途も植物を飾るなど可能性は無限大です。

川井敏昌賞 — Roco Colo

ペンダント型のデバイス「Roco Colo」とMaBeeeをセットした宝箱で、宝箱をかくして宝探しができます。スマートフォンと連携することで赤く光るペンダントは宝箱に近づくと青く光り、それをにぎることで宝箱から音が鳴り場所が推理しやすくなります。

審査員コメント 川井敏昌さん（FabCafe LLP COO）
子どものために遊びを作るお父さん参加者が多いなかでも、特に仕組みやデザイン性がパッケージとして完成されていました。

製作者 堀田高大さん
娘と一緒に遊ぶために作り、名前も娘がつけてくれ、まさに娘のおかげです。これからも娘と遊ぶために、改良していきたいと思います。

宝探しゲーム以外にも、宝箱に鍵やハンコなどなくすと困るものを入れておくことで光と音で探すことができる、という使い方もあるそうです。

鷹木創賞 — ChaaaGe

スマートフォンをふることでエネルギーがチャージされ、その分だけMaBeeeをセットしたマスコットが円形のコースを走ります。点数も出るので競争の要素もあり盛り上がります。

審査員コメント 鷹木創さん（スマートニュース株式会社メディア事業開発）
ルーレット要素やふったエネルギーを変換する仕組み、競争できるゲーム性と一粒で何度でもおいしく、楽しませてもらいました。

製作者 チームiクラフト
元々面白いことやりたいなとアイデアを探すうちに、エネルギーをためて一気に放出して遊びに変換すれば面白いものができるんじゃないかと開発しました。

点数によって画面上のキャラクター「チャージくん」の表情や大きさも変わるので、よりやる気がアップします。

未来に期待賞 — ねぼうしないぞ時計

目覚まし時計をMaBeeeで制御することで、目覚ましを止めてしまっても再度鳴らすことができます。

審査員コメント プレゼンター 小山和宏（ノバルス株式会社 CTO）
こんなちっちゃい子でも応募してくれたことがうれしいです。自分が困ったことをアイデアにしていくという点に期待しています。

製作者 古山芽衣さん
これから寝坊しないようにあの時計を使って起きます。

このMaBeee祭にお母さんと最年少で参加していた古山さん。寝坊防止のために遠隔で時計を操作できるのはMaBeeeならではといえます。

他にも、魅力的な作品が盛りだくさん！

禅魔毘（ZenMaBeee）

[製作者] 中野洋一さん

ひとりで坐禅体験ができる禅魔毘。かたむきを感知するボールを持って最後まで姿勢を崩さなければ眼鏡がレインボーに光ります。筆者も体験しましたが、これが難しくあっけなく打たれてしまいました。

バンバンバーン

[製作者] 三田克紀さん（情報科学専門学校）

「バン！」と声に反応して電動水鉄砲が発射されます。鉄砲らしく「弾切れ」もアリ。そのときはスマートフォンを振ってリロードします。紹介動画や、水鉄砲なのにリロードが必要な点などこだわりが感じられます。

ハンドベル、鉄琴をMaBeeeで楽しく合奏

[製作者] 古澤貴倫さん

メリーゴーランドのように円に配置されたベルは直接叩く、ふるわせるなど異なる方法できれいな音色を響かせます。こった模様の支柱はレーザーカッターで作成したそうです。ラプンツェルをモデルにしたという中央部分の塔はひとつの芸術作品として見応えがあります。

みんなでわいわいMaBeeeを使ってパーティーゲーム♪

[製作者] 柾木亮介（BIZIP）さん

複数人でできるゲームが数種類遊べます。チキンレースやライトの点滅数を覚える神経衰弱などバラエティに富んだゲームで盛り上がれます。筆者が挑戦したのは順番にボタンをタップしておもちゃが動き出したら負け、というもの。はずれを引くと一斉に動き出すおもちゃも見物です。

釣りMaBeee

[製作者] 杉山亮介さん

縁日で遊ぶような釣りゲームです。風船でできた魚を風を送って逃がし、もう一人が釣っていきます。風の送り方はコントローラーのスマートフォンをふること。ちょっとした対戦もできます。

逃げる！目覚まし時計 ーにげよんくんー

[製作者] 近藤秀彦さん

スマホミニ四駆に置くまでアラームが止まらない、という目覚まし時計です。止めるためには身体を動かさなければならないので目を覚ますのにぴったり。ミニ四駆はダンプ型がおすすめだそう。

出展作品はどれもアイデアが光る作品ばかりでした。そして授賞式のあとの懇親会ではMaBeeeがプリントされたケーキが！参加者の皆さんもこれには驚き。「MaBeeeで動かしてみる？」なんて冗談も飛び交っていました。

お祭りとしての開催は初めての試みだった「MaBeee祭2017」。
主催のノバルス株式会社代表取締役CEO岡部さんも「開催することは不安でしたが、想像以上に面白いアイデアが集まってくれた」とのこと。
参加した方々の光るアイデアは、次回の開催も今から待ち遠しくなるほどでした。

岡部顕宏さん（代表取締役）
前職 セイコーインスツル時代には、国内時計業界初となるBT-Watchの規格策定や電子マネー端末の事業化などを推進。2015年にノバルスを創業。

小山和宏さん（取締役・CTO）
MaBeeeの設計、開発を行う開発責任者。前職のセイコーインスツル時代には、2001年世界初のBluetoothウォッチプロトタイプでBest of CES 受賞。

MaBeeee開発のスタートは、アイデアを持ち寄る"ヤミ研"から!?

乾電池型IoT「MaBeee」はどのように生まれたのでしょうか？
MaBeeeを作るノバルス株式会社の代表取締役 岡部顕宏（あきひろ）さんと、
取締役 CTO 小山和宏さんに、誕生のヒミツやこれからの展開などについてうかがいました。

「MaBeee」を開発した きっかけは？

岡部 前職（セイコーインスツル）のときに、さまざまな分野からアイデアや技術を持ち寄る「オープンイノベーション」の活動をしていて、その中から生まれたものです。さまざまなアイデアや埋もれていたアイデアも、その活動では出てきました。実は「MaBeee」の「Ma」は小山の「ma」、「Be」は岡部の「be」です。他にも、当時のメンバーの名前から一部をとって、MaBeeeという製品名を考えました。

小山 その当時の活動は、「ヤミ研」って呼んでいて、私も誘われて入りました。1テーブル4人、全部で20人がディスカッションをやって、面白いことができたらいいねって1回目は終わったんですが、2回目には何か作品を作ろうとなって、IoTのデモ作品を作ったんです。

岡部 ボタンを押すだけで商品を注文できる「Amazonダッシュボタン」のような製品が今ではありますが、それよりも多機能なものを当時作っていました。

小山 たとえばその端末を冷蔵庫にはり付けて、ミネラルウォーターのボトルを取り出すたびにボタンを押します。残数が少なくなるとアラートがなって、さらにTwitterにも「あと何本」って投稿するようにしました。

岡部 そのときには、さらに通販サイトに注文をかけて、オークション形式でもっとも安い提案をしたところに発注するといった構想までありましたね。

小山 同じ端末を使う、別のアプリも作りました。Twitterと連携していて、特定の相手の特定のつぶやきに対して、LEDが光るというものです。たとえば「会いましょう」という連絡がきたらLEDが光って、ボタンを2回押すと「OK」の返信ができるといった機能を持たせました。

岡部 すべてのメッセージが着信するごとに、スマホのTwitterをたちあげるのではなく、特定のつぶやきがだけを切り出します。テレビや冷蔵庫に貼り付けておいて、LEDが光れば、目に付きやすいですよね。

小山 実はこの端末が通信する仕組みとして、Bluetoothモジュールを搭載していました。この部分を取って、電車おもちゃの上に載せて遊んだのが、すべてのきっかけです。当時、うちの子どもが遊ぶ映像も撮ったのですが、駅のところでピッタリ停めようとしたりして、1日中遊んでいましたね。

岡部 この仕組みを乾電池の形状にすれば、プラットホームとして、いろんなものに使えるんじゃないかとなって、試行錯誤が始まりました。

小山 サイズを測って、単三乾電池の中に基板をのせて、さらに、単四乾電池が入るんじゃないかっていうところから始まりましたね。

開発にあたってはどのような苦労がありましたか？

小山 その後は、会社を作ってということになるのですが、最初に岡部が前職を辞めて会社をたちあげて、そこに私も加わることになります。

岡部 MaBeeeがこの形になるまでに、3、4世代ありました。基板が入らないので、この形状にするのが大変で、最初はかまぼこ形にしたり、穴をあけて一部を外に飛び出させたりしました。

大きな会社なら、社内の3Dプリンターを使うなど、機材や設備がありますが、今度は部品の調達も設備の手配もすべて自分たちで手探りすることになります。

小山 設計は、私のほかにもヤミ研のメンバーも行っていて、パーツは通販サイトから取り寄せるなどもしました。また、基板を作ってくれるメンバーもいましたね。

岡部 やっと回路ができても、電流リークで停まらないとか、逆起電圧で回路が飛んでしまう心配があったりとか、やりながら気づいたこともたくさんありますね。

資金調達はどのようにされたのですか？

岡部 クラウドファンディングを活用しました。Makuake（マクアケ）というサイトで2015年11月11日11時11分からスタートして、900名からのご支援をいただき、調達成功となりました。実は事前に子どもたちを集めてアンケートをとったところ良い結果だったのですが、クラウドファンディングで成功するかどうかは不安でした。実際にお金を出して買ってもらえるかどうかは、また別問題ですからね。だから、成功したときは本当にうれしかったです。それから、うれしいメッセージも届きました。「日本の製造業のためにがんばってください」「驚きをありがとう」といった内容です。また、身体が

MaBeeeの原点となったIoT製品の試作機。たとえばミネラルウォーターのボトルを取り出すたびにボタンを押すと、残数が少なくなったところでアラート通知される。

左と同じ端末を使用し、スマホ側では別アプリを起動。Twitterと連携し、特定の相手の特定のつぶやきに対して、LEDが光る。

開発初期のMaBeee。光造形の3Dプリンターでケース部分を作成。当初は基板が収まらずに、一部はみ出した状態になっていた。

MaBeeeに入る基板。当初は市販のモジュールを使用していたが、現在はノバルスが独自開発したモジュールを搭載。

不自由なお子さんがいるご家族から、声のインターフェイスなら、子どもが遊ぶことができるといったメッセージがあり、私たちが想像していないところでも役立っていると、新しい発見があってうれしかったです。

販売展開はどのようにされたのですか？

岡部 クラウドファンディングの成功がトリガーとなって、多くのメディアの方々に取材をしていただきました。そして、それを見たバイヤーの方たちから問い合わせをいただくという好循環がありました。家電量販店やPCパーツショップ、鉄道模型店、ネット通販など、スタート時から約160店舗の取り扱いがありました。

MaBeee祭の感想は？

岡部 想像以上にレベルが高いこと、全国から来てくれたこと、子どもから大人まで参加してくれたことがうれしかったし、驚きましたね。

小山 本当にありがたくて、うれしくて、思わず泣いちゃうくらいでした（笑）。皆さん、やりたいことに対して、どうすれば実現できるかを考え抜いているところがすごいなと、感動しました。

今後MaBeeeはどのように広がっていきますか？

岡部 これからスクラッチでプログラミングできるソフトも公開予定なので、ソフト的にはもっと広げられるように、我々も準備しています。いまでも、開発キット（SDK）を持っていればいろいろなことができますが、スクラッチのように誰でも扱えるソフトで裾野を広げていきたいですね。

ハードの面では、現在「モニタリングモデル」と呼んでいる試作モデルがあります。電池をコントロールするだけでなく、状態を通知する機能を持つモデルです。たとえばテレビのリモコンに入れておけば、お年寄りだけの家庭でも、「いつもの時間にテレビの電源を入れたな」と知ることができます。仰々しいセンサーなどは使わずに、手軽にさりげなく見守りすることが可能になります。

読者の方にメッセージをお願いします

岡部 130年前に乾電池を発明した屋井先蔵さんという方が、当時の隣の建物にいたことがあるんです。屋井さんは、最初は何に使ってもらうのか苦労したそうで、時計、医療機器で使われ、そして松下幸之助さんがライトに使うようになりました。

そんな時代を経て、現在ではさまざまな乾電池製品があります。読者の方も、MaBeeeを使って何ができるか考えたり、広めたりしてほしいですね。130年かけて乾電池製品がここまであふれた状態になりました。MaBeeeを使う製品も、130年ではなく13年くらいで（笑）、あふれている状態になるようにぜひ知恵をお貸しください。

小山 乾電池は全世界で共通の規格なので、MaBeeeもどんどん使ってほしいですね。フタを空けてみると、「MaBeee入ってるんだ」っていう製品にしていきたいです。いま、サーボモーターを制御するためのアプリも作っていて、これを使えば、ラジコンのハンドル操作のようなこともできます。「マビラジ」ですね。こうしたアプリも使ってもっといろいろな使い方ができるように、広げていきたいです。

サーボモーターを制御するためのアプリも開発中。ラジコンのようにハンドル操作できる「マビラジ」も可能に！

「国内、海外を問わず、おもちゃやさまざまな製品とのセット販売など、コラボレーション展開もしていきたいですね」（岡部さん）「MaBeeeでおもちゃを動かしてくれている、遊んでくれているというのを見たり聞いたりすることは、本当にうれしいですね」（小山さん）

基本編

MaBeeeの
コントロール方法を
知ろう

MaBeeeの基本操作はとっても簡単！

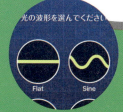

MaBeeeの基本操作はとっても簡単です。MaBeeeの中に単四乾電池をセットしたら、おもちゃや家電の中に入れるだけ。あとは、スマホにアプリをダウンロードすれば、おもちゃを自由にコントロールできるようになります！

MaBeeeは
どこに売っている？

お店を調べてみよう

家電量販店やネットショップで手に入ります。MaBeeeの公式ホームページでは取り扱っているネットショップのリンクや、最寄りの取り扱い店の検索ができます。ページの下の方では、都道府県ごとのお店を見つけられます。

https://mabeee.mobi/purchase/

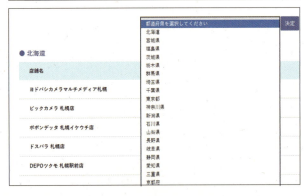

MaBeeeは、この四角い箱に入れて売られています。1本入りと2本入りがあるので、必要な本数入ったものを買いましょう。

MaBeeeのアプリ

MaBeeeコントロール

基本になるアプリです。画面上でMaBeeeのオン／オフができるほか、スマホをかたむける、ふる、大きな声を出すなどのアクションでMaBeeeをコントロールすることができます。

iPhone、iPadのインストールはこちらから

`App Store` https://itunes.apple.com/jp/app/mabeee-kontororu/id1104665648

`対応OS` iOS iPhone4s、iPod touch5以降、かつ、iOS8以降

Androidスマホのインストールはこちらから

`Google Play ストア` https://play.google.com/store/apps/details?id=jp.novars.mabeee

`対応OS` Android Android OS Version 4.4以降Bluetooth 4.0 LE / Bluetooth Low Energy に対応している機種

一部Androidスマホは非対応です。

`非対応機種` O-04E Xperia A／SH-02J AQUOS EVER／SH-01F AQUOS PHONE ZETA／Nexus 7 ME370T／FXC-5A

※詳細はhttps://mabeee.mobi/spec/#spec2もご確認ください。

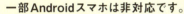

① iOSの場合AppStoreを開いたら、検索アイコンをタップします。

② 「MaBeee」を検索します。

③ アプリをタップします。

④ ［入手］をタップします。必要に応じてパスワードを入力します。

⑤ インストールできました

おもちゃにMaBeeeをセット

MaBeeeに単四乾電池をセット

単四乾電池をMaBeeeにセットすることで、単三乾電池のサイズになります。

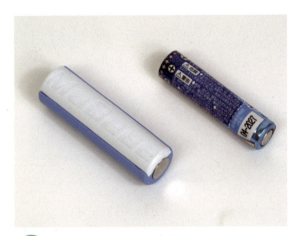

1 MaBeeeと単四乾電池を用意します。

2 乾電池をMaBeeeにセットします。プラスとマイナスの向きを間違えないように気をつけましょう。

おもちゃにMaBeeeをセット

MaBeeeで動かしたいおもちゃにセットします。LED照明など、単三乾電池で動くものならコントロールできます。乾電池が2本以上必要なものでもMaBeeeはそのうち1本にセットすれば動かすことができます。

1 乾電池をセット済みのMaBeeeと、単三乾電池で動くおもちゃ、必要に応じて単三乾電池を用意します。

2 単三乾電池を入れる同じ方法でおもちゃにMaBeeeをセットします。

スマホとMaBeeeをペアリング

スマホでコントロールするためにMaBeeeと接続します。このことを「ペアリング」といいます。ここではiOS版の「MaBeeeコントロール」の画面で解説します。

①　MaBeeeをセットしているおもちゃのスイッチをオンにします。

②　インストールしたアプリを起動します。

③　左下の数字をタップします。

④　Bluetoothがオフの場合、下から上へスライドさせてコントロールセンターを表示しBluetoothをオンにします。

⑤　使いたいMaBeeeをタップして選択します。

⑥　接続できました。数字が「0」から「1」に変わったのは接続したMaBeeeの数を表しています。

7つの方法でおもちゃを操作

かたむき
かたむきの大きさで電池の出力をコントロールします。

動かし方

① スマホの画面をかたむけます。かたむくほど出力が大きくなります。

止め方

② かたむきを0にします。

ふる
ふることによって出力をコントロールします。

動かし方

① スマホをふります。強くふるほど出力が大きくなります。

止め方

② ふるのをやめます。

MEMO

単一や単二乾電池の機器で使うには

MaBeeeは、単三乾電池のサイズです。単一や単二の乾電池を使用する機器に入れたい場合には、「電池スペーサー」を使う方法があります。単三乾電池にカバーを付けて、単一や単二サイズにするための機器です。百円ショップなどでも購入できます。

単一と単二乾電池サイズの電子スペーサーにMaBeeeを入れます。

フタとを閉じれば、単一電池や単二乾電池と同様に使うことができます。

こえ

音声で出力をコントロールします。

動かし方

1. 声を出します。大きな声ほど出力が大きくなります。

止め方

2. 声を出すのをやめます。

とけい

タイマーでオンオフします。

動かし方

1. タイマーの時間をセットします。
2. ［スタート］をタップします。

止め方

3. おもちゃが動き出したら、［OK!!］をタップします。

でんぱ

MaBeeeとスマホの距離(きょり)で出力をコントロールします。

動かし方

① スマホを近づけます。近づくほど出力が大きくなります。

止め方

② 遠ざかります。もしくは[もどる]をタップし操作を終えます。

ればー

画面上のレバーで出力をコントロールします。

動かし方

① 画面上のレバーを上げます。上げるほど出力が大きくなります。

止め方

② 画面上のレバーを一番下まで下げます。

スイッチ

画面上のスイッチでオンオフします。

動かし方

① 画面上のスイッチをタップしてオンにします。

止め方

② 画面上のスイッチをタップしてオフにします。

MEMO

同時に接続できるのは何台？

MaBeeeアプリのモードによっては、同時に複数(ふくすう)のMaBeeeをコントロールできます。例えば、複数の電車のおもちゃをそれぞれコントロールしたり、自動車のおもちゃを同時にスタートしたりすることができます。
アプリによるコントロールでは、4つのチャンネルにMaBeeeを割り当てて、4種類の動きをさせることができます。1台のスマホに同時に接続できるMaBeeeは、iOS 10台まで、Android 4台までです。

- 4つのチャンネル
- iOS10台、Android4台まで

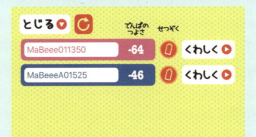

複数のMaBeeeをペアリングできます。ペアリングしたMaBeeeのアイコンを繰り返しタップすると、色が4色に変わります。色ごとに違うチャンネルにわり当てたことになります。

「レバー」画面にすると、MaBeeeをわり当てたチャンネルのレバーだけ動かすことができます。

[新アプリ]MaBeee Racingでミニ四駆を動かそう

自動車や電車など車輪付きのおもちゃを動かすことが得意なアプリです。かたむきやパネルメーターをタップして出力変更ができます。また、レーシングには欠かせないラップタイムを計測することができます。

https://mabeee.mobi/lp_car/

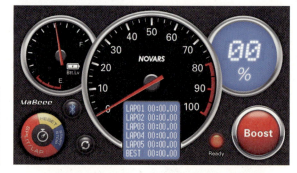

① タップしてMaBeeeを接続します。

② スライドもしくはタップで出力を操作します。

③ ブーストをかける（出力を100％にする）ことができます。

④ タイマー（青…スタートストップ、赤…ラップタイム, 黄…リセット）をセットできます。

⑤ モードを切り替えることができます。

① タップしてMaBeeeをを接続します。

② かたむきで出力を操作します。

③ ブーストをかける（出力を100％にする）ことができます。

④ タイマー（青…スタートストップ、赤…ラップタイム, 黄…リセット）をセットできます。

⑤ モードを切り替えることができます。

[新アプリ]MaBeee Trainでプラレール操作も自由自在

電車の運転さながらにコントロールすることができます。マニュアルモードではレバー操作で、オートモードでは出発や停止のボタンを押すことで出力を変更できます。かたむきで制御するかたむきモードも搭載。

https://mabeee.mobi/lp_train/

1. タップしてMaBeeeを接続します。
2. 操作するモードを選択します。

[オートモード]

1. タップして速度を選択します。
2. タップすると選択した音声が再生されます。

[マニュアルモード]

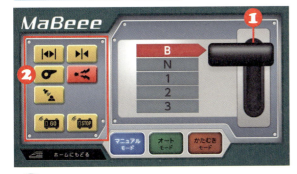

1. レバーで出力を操作します。
2. タップすると選択した音声が再生されます。

[かたむきモード]

1. かたむきで出力を操作します。
2. タップすると選択した音声が再生されます。

[新アプリ]MaBeeeライトでおしゃれな照明を演出

ライトのように発光するものの場合、このアプリで光の強弱や波形をコントロールできます。波形のかたちやその速さを変えることも可能です。

https://mabeee.mobi/usecase/case-craft/

1 タップしてMaBeeeを接続します。
2 ライトのオンオフを切り替えできます。
3 波形が表示されます。
4 明るさを調整できます。
5 光の波形を変更できます。

7 選んだ波形によっては、「明るさ」や「スピード」も設定できます。

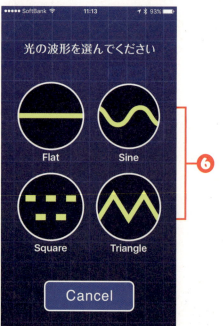

6 タップして光の波形を選択します。

作例編

MaBeeeで電子工作にチャレンジ

レシピを参考にオリジナル作品を作っちゃおう！

MaBeeeと家にあるおもちゃを使って遊んだら、今度は自分でオリジナルおもちゃや便利グッズを作っちゃいましょう。ここでは、"MaBeee祭"の出展作品や、編集部の提案する電子工作レシピをご紹介します。お手本の作品をそのまま作ってもいいですし、自分なりにアレンジして、オリジナルの工作にも挑戦しちゃいましょう！

 初級レベル……小学生でもチャレンジできます
 中級レベル……お父さん、お母さんと作ってみましょう
 上級レベル……工作好きのお父さん、お母さんにオススメ

※「価格の目安」に記載の金額に、MaBeee本体と乾電池の価格は含まれていません。
※「初級レベル」の制作では、**はさみ**、**カッター**、**のり**、**接着剤**、**セロハンテープ**、**定規**など、一般的な文房具を使用します。「中級・上級レベル」では、それに加えて、**ドライバー**、**ニッパー**、**ペンチ**、作例によっては**ハンダごて**などの工具が必要です。
3Dプリンターを使用する作例もありますが、編集部から別の作成方法の提案も記載しています。

01 のんびり進む"ペンギンカー"

初級レベル

かわいいペンギンを作って、MaBeeeでコントロールしてみましょう。今回、動くしくみとして使うのは、100円ショップ（ダイソー）で買ってきた電車おもちゃです。

少し大きめの紙コップに自分が好きな動物をかいて、モーター付きの台車の上にかぶせたら、「すすめ」と声を出して動かしてみましょう。作例では折り紙や、手芸用の"めだまボタン"を使ってペンギンを作っていますが、ペンで直接絵をかいてもかまわないですし、ビーズや毛糸でかざっても、楽しいでしょう。

［作者］ジャムハウス

価格の目安	500円
時間の目安	30分
材料リスト	●MaBeee　1本 ●単四乾電池　1本 ●電車おもちゃ（モーター車両） ●大型の紙コップ（450mlサイズ） ●折り紙 ●めだまボタン（手芸用）

※いずれも、100円ショップで買ったものです。

電車おもちゃにMaBeeeをセット

1 電車おもちゃを用意します。3両買っていますが、使うのは、モーターがのっている真ん中の1両だけです。

2 モーターがのった車両のカバーをあけます。

3 中に単四乾電池を入れた、MaBeeeをセットします。

紙コップを好みの動物にする

4 上にかぶせる大型の紙コップを用意します。

5 ここでは、折り紙と手芸用の"めだまボタン"を使って、かざることにします。

6 黒色の折り紙を使います。

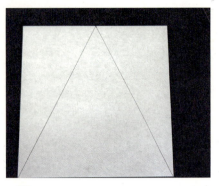

7 折り紙をうら返したら、上の辺の真ん中に印をつけて、左下と右下の角から線を引きます。

10 少し前のほうに、つばさのパーツをはり付けます。反対側も同じように、はり付けましょう。

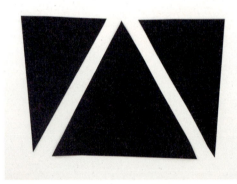

8 線に沿って、カッターで切りはなしたら、表にします。真ん中のパーツが背中で、左右のパーツがつばさになります

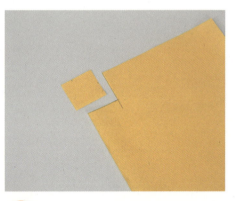

11 くちばしは黄色の折り紙で作ります。3cm角の正方形を切り取ります。

9 紙コップに、背中のパーツをはり付けます。スティックのりなどを使います。

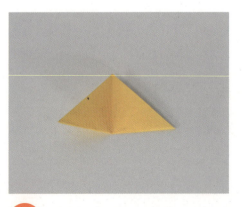

12 三角形になるように、半分におります。

13 さらに、半分に折ります。

14 くちばしを顔の位置にはりつけます。

15 めだまボタンに、接着剤をつけて、はり付けます。

> **MEMO**
> 顔のパーツは、バランスを確認しながら、ちょうど良い位置にはりつけましょう。作例のとおりにならないかもしれないですが、それぞれ個性的な顔になると思います。

モーター車両とドッキング

16 ペンギンが完成したら、電車おもちゃのモーター車両を用意して、スイッチをオンにします。

完成！

17 車両の上に、ペンギンを乗せたら完成です。不安定な場合には、セロハンテープでとめるなどしましょう。

声で動かしてみよう

18 スマホのアプリ「MaBeeeコントロール」を起動したら、「こえ」をタップします。

19 左下の「0」をタップします。

20 一覧にMaBeeeが表示されたら、タップして選択します。

21 大きな声を出しましょう。

22 ペンギンがゆっくり前に進んでいきます。「こえ」以外にも、「レバー」や「ふる」「かたむき」などでも楽しく遊べます。カーペットなど、タイヤがひっかかりやすい床の方がスムーズに進みます。

MEMO

ペンギンが思ったように動いてくれないときには、「こえ」の画面で「せってい」をタップしてみましょう。「はんのう」の数字をあげたら、「もどる」をタップしてください。

02 光り方を変えられる "クリスマスイルミネーション"

初級レベル

LEDが美しくかがやくクリスマスイルミネーションを作ってみます。ツリー部分は、100円ショップで買ったグッズで作っています。LEDイルミネーションは、ネット通販やホームセンターなどで購入できます。
アプリは、「MaBeeeライト」を選んで、さまざまな光の波形を楽しんでみましょう。

[作者] ジャムハウス

価格の目安	1000円
時間の目安	30分
材料リスト	●MaBeee　1本 ●単四乾電池　1本 ●単三乾電池　2本 ●メガホン ●モール ●LEDイルミネーション電球（20球のLEDが連なったクリスマスツリー用イルミネーションをAmazonにて購入しました）

作例編

MaBeeeで電子工作にチャレンジ

ツリーを作ろう

1 メガホンとモールを用意します。いずれも100円ショップ（ダイソー）で購入しました。

2 モールのはしと、メガホンの口の部分をセロハンテープでとめます。

3 メガホンにモールを巻き付けます。途中をセロハンテープでとめると、ほどけにくくなります。

4 すべて巻き付けたら、セロハンテープで固定します。

LEDイルミネーションを用意しよう

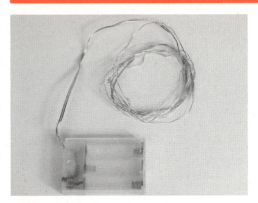

5 LEDイルミネーションを用意します。ここでは、Amazonにて購入したクリスマスツリー用イルミネーションを使っています（MANATSULIFE-イルミネーション LEDライト電飾電池式クリスマスツリー飾り（2M（20LED）、ウォームホワイト：840円）。

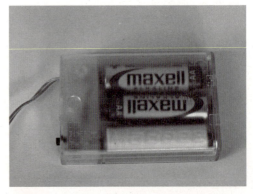

6 単三乾電池2本と、単四乾電池を入れたMaBeeeをセットして、電源をオンにします。

7 LEDイルミネーションをツリーに巻き付けます。

MaBeeeライトでコントロールしよう

10 表示されたMaBeeeをタップしたら、「×」をタップして前の画面に戻ります。

8 MaBeeeライト（26ページ）を起動したら、光の波形を選びます。ここでは「Sine」をタップしています。

完成！

11 LEDイルミネーションがゆっくり、明るくなったり、暗くなったりを繰り返します。ツリーに好みで飾りを追加するなどして、楽しみましょう！

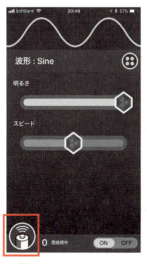

9 左下の「0」をタップします。

12 「明るさ」や明るくなったり、暗くなったりの「スピード」を設定できます。

03 MaBeeeで"ツインモーター自動車"をコントロール

中級レベル

MaBeeeでモーターをコントロールすれば、おもちゃを動かしたり停めたりといった操作が可能になります。けれども遊んでいるうち、さらに、リモコンカーみたいに、左右に曲がったり、回転したり、もっと自由に動かしたくなります。
そこでここでは、タミヤの「楽しい工作シリーズ」として入手できるパーツをフル活用して、オリジナルのツインモーター自動車を作って動かしてみます。2つのモーターを別々に動かすことで、前に進むだけでなく、左右に曲がったり、その場で回転したりする操作が可能になります。

［作者］ジャムハウス

価格の目安	2340円
時間の目安	45分
材料リスト	●MaBeee　2本 ●単三乾電池、単四乾電池　各2本 ●ダブルギヤボックス（モーター付き）(『楽しい工作シリーズNO.97』) ●タイヤ(『楽しい工作シリーズNO.101』) ●ボールキャスター(『楽しい工作シリーズ　ボールキャスター2セット入り』) ●ユニバーサルプレート(『楽しい工作シリーズ　ユニバーサルプレート（2枚セット）』) ●電池ボックス(『楽しい工作シリーズNO.151単3電池ボックス（2本用・逆転スイッチ付））　2個

※いずれも、ネットの通販で購入するか、模型店などで入手することが可能です。

車体を切り出す

① ユニバーサルプレートを車体のサイズに切り出すことにします。

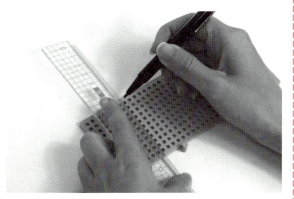

② なるべくコンパクトに作りたいので、ここでは長さを12cmにしています。あらかじめ切り取る位置に線を引いておきます。

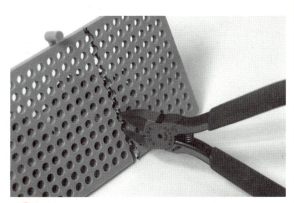

③ 線に沿って、ニッパーで、パチンパチンとはさみながら、切れ目を入れていきます。最後は少し折り曲げると切り取ることができます。

ボールキャスターを取り付ける

④ 前輪には、前後左右に自在に動く、ボールキャスターを取り付けます。ボールキャスターは付属の説明書を見て、組み立てておきましょう。

⑤ ここでは、35mmの高さで組み立てています。

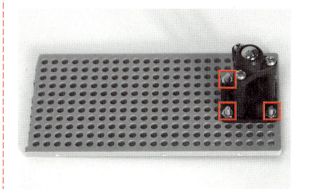

⑥ ユニバーサルプレートの前方中央にボールキャスターを固定します。ボールキャスターのキットに付属のネジとナットで4カ所を固定しています。

ギヤボックスとモーターを組み立てる

7 ギヤボックスを箱から出したら、中に入っている説明書を見ながら組み立てます。この作業は、ちょっと時間がかかるかもしれません。

9 箱からタイヤとホイールのセットを2組取り出します。ニッパーで、ランナーから切り離します。

8 ギヤボックスに付属の説明書を見ながら、ギヤボックスを組み立てましょう。

10 タイヤの穴が大きい側からにホイールをはめ込みます（左）。反対側から見るとこうなります（右）。

> **MEMO**
>
> 回転速度は、ギヤ比によって決まります。いくつかギヤ比の組み合わせがある場合、なるべく比率が大きいものを選んでください。ギヤ比が大きいほど、ゆっくり動くので、操作しやすくなります。

11 モーターの六角シャフトに、タイヤを取り付けます。グッと奥まで押し込んで、固定します。

電池ボックスを組み立てて配線する

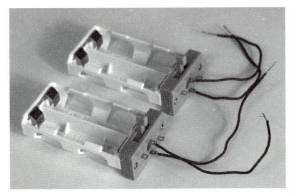

12 電池ボックスに付属の説明書を読みながら、電池ボックスを組み立てます。2つの電池ボックスが完成しました。

14 ユニバーサルプレートの下側にギヤボックスを固定します。ギヤボックスは、ユニバーサルプレートに付属のリベットで取り付けています。

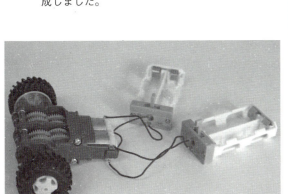

13 2つの電池ボックスと、2つのモーターをそれぞれ導線でつなぎます。ここでは、線をねじって固定します。

15 ユニバーサルプレートの上側に電池ボックスを固定します。電池ボックスはひとまず両面テープで固定していますが、ネジ止めするとより安定します。

> **MEMO**
>
> 導線をねじって留めただけでは、簡単に外れてしまう場合があります。上から絶縁のビニールテープを巻くと補強できます（100円ショップなどで購入できます）。さらに、ハンダづけの経験があるなら、ハンダごてを使って、しっかり固定しておきましょう。

完成！

16 電池ボックスに電池を入れます。それぞれに単三乾電池と、単四乾電池を入れたMaBeeeを各1本ずつ入れています。電池を入れたら電源をオンにします。なお、この電池ボックスは逆転スイッチ付きです。このあとの操作で自動車が後進する場合には、レバーを逆にしましょう。

アプリとペアリングしてコントロールする

17 MaBeeeコントロールのアプリを起動したら、「レバー」を選んで、左下のボタンをタップします。

18 2本のMaBeeeをペアリングします。MaBeeeの番号が表示されたボタンをタップします。

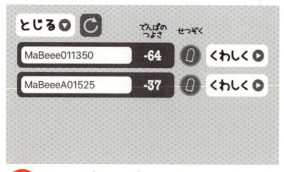

19 ペアリングされました。2つのモーターを別々にコントロールするには、2つのレバーに割り当てます。上のボタンをもう一度タップします。

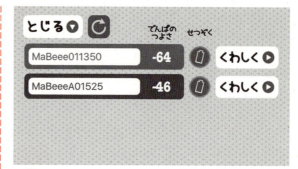

20 ボタンの色が変わり、別々にコントロールできるようになります。設定できたら「とじる」をタップします。

21 2つのレバーに、それぞれMaBeeeがセットされました。左右のレバーを上下することで、MaBeeeをコントロールできます。操作方法は、次のとおりです。
前進……レバーを2本同時に上に動かす
右折……左のレバーのみ上に動かす
左折……右のレバーのみ上に動かす

22 2本のレバーをうまく動かして、前に進んだり、左右に曲がったりして操作してみましょう。ラジコンカーを動かすのと同じ感覚で楽しめます。

MEMO

各MaBeeeには、「MaBeeee123456」のような、名前が割り当てられています。この名前は変更できます。今回の作例のように、同時に複数のMaBeeeをコントロールする場合には、それぞれに名前を付けておくと、わかりやすくなります。
例えば、右のモーターを動かすMaBeeeeは「MaBeee-right」、左は「MaBeee-left」のようにしてみては、いかがでしょう。

MaBeeeの選択画面で、「くわしく」をタップします。

「MaBeeee011350」のように表示されている、名前の部分をタップします。

「新しい名前」の右に「MaBeeee011350」のように表示されている、名前の部分をタップします。

「MaBeee-left」のように、名前を入力します。半角の英数、記号、スペースが使えます。最大12文字です。入力したら「Done」をタップします。

新しい名前を確認したら、「変更」をタップします。

名前の表示を確認したら、「<」をタップします。

接続可能なMaBeeeの一覧画面にも、変更された名前が表示されます。

04 風で動き回るサカナを釣って対戦する "釣りMaBeee"

中級レベル

不規則に動く、サカナに見立てた水風船を釣り上げ、釣ったサカナの数を競うゲームです。サカナを釣る人とサカナを動かす人に分かれて対戦します。1人が釣り竿の先に付けた磁石でサカナを釣り上げ、もう1人がMaBeeeアプリをインストールしたスマホをふってミニ扇風機をコントロールし、扇風機の風でサカナを動かします。上手くスマホをふって、簡単にサカナが釣られないように風を送れるかどうかがポイントです。

[作者] 杉山亮介さん

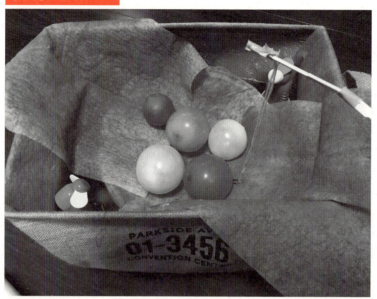

価格の目安	700円
時間の目安	50分
材料リスト	●MaBeee 2本 ●単三乾電池 2本 ●単四乾電池 2本 ●30cm×45cmの箱 1個 ●料理用のザル(ボウル) 1個 ●換気扇用のフィルター 1個 ●紙コップ 4個 ●水色のテープ 1個 ●水色のスプレー塗料 1個 ●ミニ扇風機 2個 ●水風船 5〜6個 ●ゼムクリップ 5〜6個(ビニールタイでもOK) ●フルーツ用のつまようじ 4本程度(割り箸でもOK) ●タコ糸 50cm程度(ビニールひもなど糸状のもの) ●磁石 1個

※いずれも100円ショップなどで購入可能。

釣り場となる箱を作る

❶ 30cm×45cm程度の箱を用意します。素材はなんでもかまいません。水を表すため、内側に水色のスプレー塗料などで色を付けるといいでしょう。

> **MEMO**
>
>
>
> どこの家庭にもザルやボウルはあると思いますが、丸みのあるかごでも代用できるでしょう。

編集部でやってみた！

ちょうど30cm四方の段ボール箱があったので、編集部ではこれを使うことにしました。手軽に作りたい場合は、色を付けずにそのまま使っても大丈夫です。

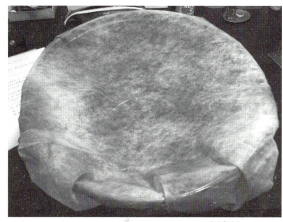

❸ 100円ショップなどで売られている、換気扇用のフィルターをザルにかぶせます。箱と同様に、水色のスプレー塗料などで色を付けるといいでしょう。

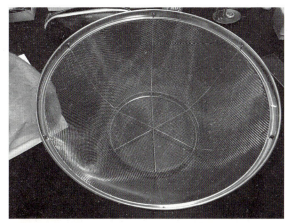

❷ 大きめのザルを用意します。用意した箱に収まるサイズのものを用意してください。

❹ フィルターをかぶせたザルを箱の中央に配置します。

MaBeeeで電子工作にチャレンジ

作例編

43

> 編集部でやってみた！

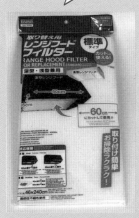

100円ショップで換気扇用のフィルターと水色のアクリルスプレーを購入しました。

▼

ザルよりも一回り大きいサイズにフィルターをカットし、新聞紙を敷いた上に乗せます。

▼

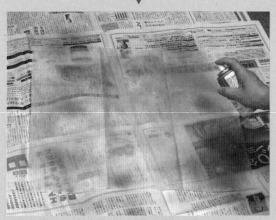

ムラになるようにスプレーして水を表現します。
※用意した塗料の使用方法をよく読んでお使いください。

▼

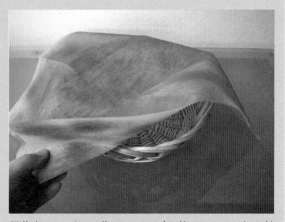

編集部ではザルの代わりにかごを使いました。色を付けたフィルターをかごにかぶせます。

▼

フィルターをかぶせたかごを段ボール箱の中央に配置します。

▼

誌面では分かりづらいですが、水色の画用紙があったので、側面にはり付けてみたら、より池っぽくなりました。自宅にあるもので工夫して作ってみましょう。

風力部の土台を作る

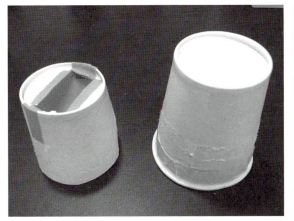

5 紙コップを2つ用意します。底面が上になる向きで置きます。

6 1つの上部にミニ扇風機を差し込む穴を開け、半分くらいの高さになるように切り取ります。

7 加工していない紙コップを下にして、紙コップ同士を重ね、水色のテープで固定します。ミニ扇風機をどの高さに固定したいかで、重ねる量を調整してください。

MEMO

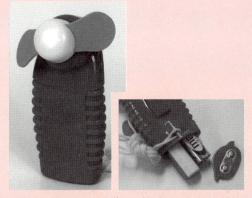

ミニ扇風機は100円ショップで売られていますが、季節の商品なので見当たらない場合はネット通販などで探してみてください。写真のミニ扇風機は100円ショップで購入した物で、単三乾電池2本で動きます。

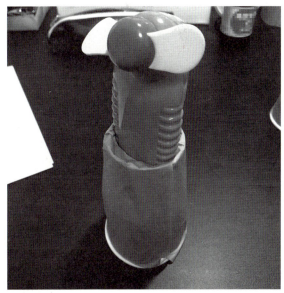

8 MaBeeeに単四乾電池を入れ、ミニ扇風機にMaBeeeと単三乾電池をセットします。

9 ミニ扇風機を紙コップの穴に差せば完成です。同様にもう1つ作ります。ミニ扇風機の高さを少し変えると、風の動きに変化が出て面白いでしょう。

サカナを作る

編集部でやってみた！

10 水風船を6cm〜8cm程度の大きさに膨らませます。ニッパーなどでゼムクリップを小さく切り、水風船をくくった部分に付けます。クリップを扱う際は、手を切ったり刺したりしてケガをしないように注意してください。

11 同様にして、全部で5〜6個作ります。少しずつ大きさを変えて作ってみましょう。

100円ショップで水風船を購入しました。これで100個も入っています！

▼

6cm〜8cm程度に膨らませて、口を結びます。

▼

MEMO
クリップは釣り竿につけた磁石とくっつけるためのものです。風力で風船を動かすため、小さく軽くしたほうがよいでしょう。重いと風船の動きが悪くなります。

クリップを小さくカットするのは意外と大変なので、クリップの代わりに、ケーブルなどをまとめるのに使われているビニールタイを使うことにしました。編集部にあったものを利用しましたが、100円ショップでも購入できます。

▼

風力部の土台を作る

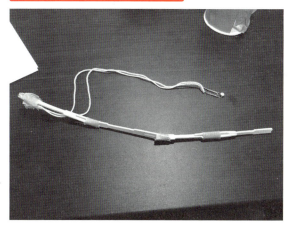

12 フルーツ用の少し太めのつまようじを用意します。テープでつなげて30cmくらいの長さにします。竿のしなる感じを出すためつまようじをつなげていますが、割り箸などを使っても大丈夫です。

13 釣り竿の先端にタコ糸をテープで固定して垂らします。

14 タコ糸を垂らした先にクリップをひっかけて磁石をくっつけます。

> **MEMO**
> 杉山さんより、「クリップにつける磁石はあえてテープなどで固定していません。これは、実際に釣りをしたときに、サカナの口に引っかかった針をつける動作を模倣するためですが、固定してもOKです」とのコメントがありました。自分なりに工夫して釣り竿を作ってみてください。

ビニールタイを2cm～3cm程度にカットします。ハサミで簡単にカットできます。

▼

カットしたビニールタイをふんわりと丸めます。水風船の口に合わせるイメージです。

▼

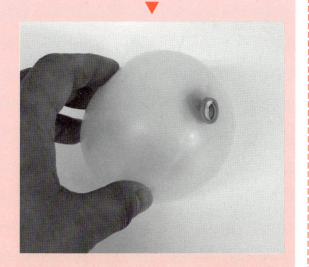

水風船の口に入れたら完成です。

> 編集部でやってみた！

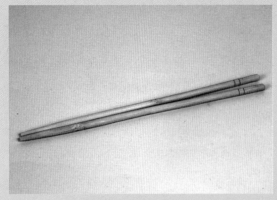

割り箸で釣り竿を作ってみます。

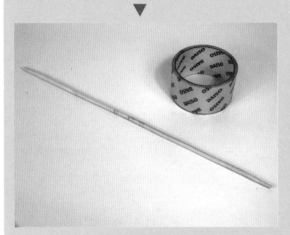

2本の真ん中を透明のテープで止めて固定します。しなる感じを出すため、きっちり固定しすぎないほうがよいでしょう。

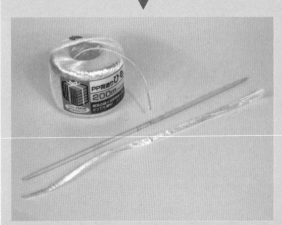

釣り糸を作ります。タコ糸がなかったのでビニールひもを使います。釣り竿と同じくらいの長さにしましたが、もう少し長くするなど、好みに合わせて調整してください。

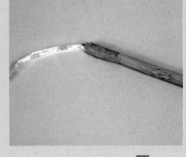

そのままだと太いので、細く裂いて釣り竿の先端にテープで固定します。

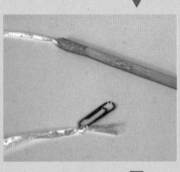

ビニールひもの先にゼムクリップを結びます。

クリップに磁石をくっつけたら釣り竿の完成です。

MEMO

編集部では超強力な磁石を用意しましたが、サカナが簡単に釣れないほうが面白いので、磁力がもう少し弱いもののほうがよいかもしれません。

組み立てる

完成！

15 ザルを配置した箱（釣り場となる箱）に、紙コップにセットしたミニ扇風機を対角に配置し、水風船のサカナを入れます。

16 箱とザルの間のすきまが埋まるように、換気扇用のフィルターを置きます。

アプリとペアリングして最終調整する

17 ミニ扇風機のスイッチをオンにします。

18 MaBeeeコントロールのアプリを起動します。「ふる」を選びます。

19 MaBeeeの番号が表示されたボタンをタップしてペアリングます。ミニ扇風機が2つの場合は、スマホと2つのMaBeeeを同じチャンネルにペアリングします（40ページ参照）。

20 スマホを振ってミニ扇風機を動かし、サカナが動けば完成です。1分などの時間制限を設けて対戦してください！

MEMO

ミニ扇風機の調整次第では、サカナが扇風機の羽に当たって箱の外に弾け飛んでしまうことがありますが、それはそれで楽しいでしょう。ミニ扇風機の高さや角度でサカナの動きが変わるので、試しながら調整してください！

05 バルーンで浮かぶゆっくり進む"空飛ぶMaBeee"

上級レベル

ヘリウムガスを入れて浮かぶバルーンをMaBeeeでコントロールします。2つのモーターを2本のMabeeでコントロールして、自由に動かしてみましょう。作者の大谷さんによると、「手順そのものは簡単ですが、電池込みの動力部2個を浮上させるためのバルーンサイズの見極めにやや苦労しました」とのこと。電池1本で動く、軽量な電動ネイルポリッシャーの利用がポイントです。

お手本の作例では、3Dプリンターを使用しています。自宅に機材がなかったり、指定のネイルポリッシャーを入手できなかったりする場合には、53ページからの「編集部でやってみた」も見てください。

[作者]大谷和利さん

価格の目安	8000円
時間の目安	60分(3Dプリンターの出力時間を除く)
材料リスト	●MaBeee　2本

- ●MaBeee　2本
- ●単四乾電池　2本
- ●電動ネイルポリッシャー（爪とぎ）　2個（動力部に利用）100円ショップ ダイソーにて購入
- ●プロペラ　2個（3枚羽根。羽根の長さ約40mm）ヨドバシカメラ模型売り場にて購入
- ●バルーン（直径90cm）Amazon.co.jpにて購入
- ●ヘリウムガスボンベ（400L）Amazon.co.jpにて購入
- ●残りは、3Dプリントしたパーツ

※いずれも、ネットの通販で購入するか、模型店などで入手することが可能です。

本体部分を組み立てる

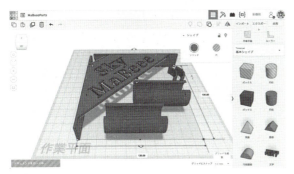

1 CADソフトで本体を造形し、3Dプリンターで出力します。

5 3Dプリントパーツを接着して、組み立てたら、ネイルポリッシャーをはめ込みます。

6 ネイルポリッシャーのスイッチは押している間だけオンになるので、3Dプリントパーツでは、はめ込んでスライドするとスイッチが押された状態になるようにしていました。そうでない場合にはテープなどではって押さえる必要があります。

バルーンにヘリウムガスを充填

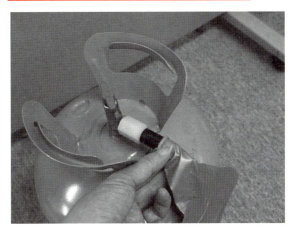

2 ネイルポリッシャー先端のヤスリ器の部分を取り外します（シャフトを強く引っ張って抜きとり、ヤスリ部分はペンチなどでつぶして外す）。

3 そのシャフトにプロペラを接着したあとで、元に戻します。

4 単四乾電池を装着したMaBeeeをネイルポリッシャーにセットします。

7 バルーンにヘリウムガスを充填し、口をしばって3Dプリントパーツにはめ込みます（3Dプリントパーツでは、しばった口のコブの部分が、ちょうどはめ込めるようなスリットを設けました）。

 MEMO
バルーンに目一杯ガスを入れるときは割らないようにお気をつけください。

"空飛ぶMaBeee"の完成イメージと、飛行イメージです。

完成！

8 会場では、どこかに飛んでいかないようにテグスで引っ張っていましたが、本来は、少し多めにヘリウムを入れて浮き気味にしておき、コインなどをぶら下げるなどしてちょうど良いバランスを見つけると良いと思います。

MEMO

大谷さんより、「浮かぶ寸前の重量に調整し、下向きの風も送れれば、浮上もコントロールできそうです」とのコメントもありました。ぜひ試してみましょう。

アプリとペアリングしてコントロールする

9 MaBeeeコントロールのアプリを起動したら、「レバー」を選んで、左下のボタンをタップします。

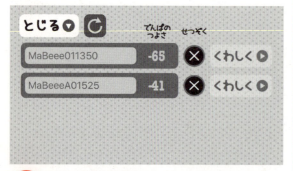

10 2本のMaBeeeをペアリングします。MaBeeeの番号が表示されたボタンをタップします。

11 ペアリングされました。2つのモーターを別々にコントロールするには、2つのレバーに割り当てます。上のボタンをもう3回タップします。

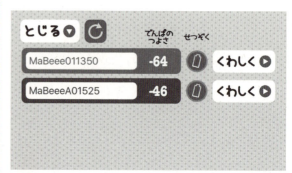

12 ボタンの色が変わり、別々にコントロールできるようになります。設定できたら「閉じる」をタップします。

13 左端と右端2つのレバーに、それぞれMaBeeeがセットされました。左右のレバーを上下することで、MaBeeeをコントロールできます。操作方法は、次のとおりです。
前進……レバーを2本同時に上に動かす
右折……左のレバーのみ上に動かす
左折……右のレバーのみ上に動かす

編集部でやってみた！

自宅に3Dプリンターがなかったり、指定のネイルポリッシャーを入手できなかったりする場合には、模型用のモーターや100円ショップのグッズを組み合わせて作る方法もあります。編集部でやってみました。

> **MEMO**
>
> ### 編集部が用意したもの
>
> 3Dプリントしたパーツと電動ネイルポリッシャーの代わりに編集部が用意したのは、次のものです。
> ・uxcell ヘリコプタープロペラ DC 3.7V モーター マイクログライダー 100mA 40000RPM（プロペラとモーターが2個ずつ入って654円）
> ・タミヤの模型用電池ボックス「楽しい工作シリーズNO.150」（500円前後）
> ・網かご（100円ショップで購入）

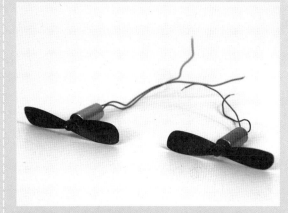

2 モーターの軸にプロペラをはめ込みます。

プロペラ部分を組み立てる

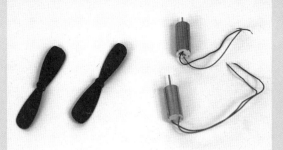

1 Amazonにて、飛行機模型用のモーターとプロペラのセット「uxcell ヘリコプタープロペラ DC 3.7Vモーター マイクログライダー 100mA 40000RPM」を購入しました。プロペラとモーターが2個ずつ入って、654円です（購入時）。モーターの直径は鉛筆と同じくらいのサイズ。プロペラの直径は46 mmと、コンパクトです。

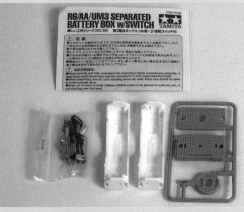

3 タミヤの模型用電池ボックス「楽しい工作シリーズNO.150」を使います。1本用の電池ボックスが2つ入ったものです。

4 今回、スイッチ部分は使わないので、電池ボックスに金属の接点をはめ込んだものを2つ作ります。

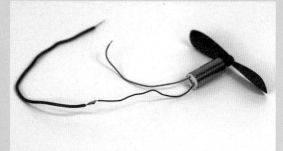

6 モーターの導線に継ぎ足します。ねじってつなぐか、しっかりとハンダ付けします。

> **MEMO**
>
> ハンダ付けしない場合には、ねじってつないだ上から、絶縁のビニールテープで巻いておきましょう。

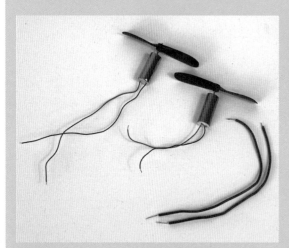

5 モーターの導線は短いので継ぎ足すことにします。ここでは、電池ボックスに付属していた導線を2つに切って使います。導線の端はカバーをむいておきます。

> **MEMO**
>
> 導線の皮むきをするときには、ニッパーを使います。慣れないうちはうまくいかないかもしれません。なるべくゆるくカバーの部分だけ切れるように刃を入れるのがコツです。

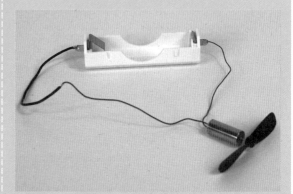

7 電池ボックスに導線をつなぎます。ここでも、ねじってつなぐか、しっかりとハンダ付けします。

フレーム部分を作る

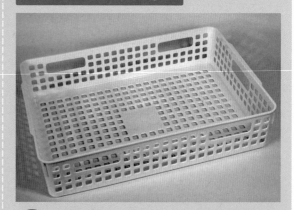

8 本体のフレーム部分には、100円ショップで購入できる網かごを使います。

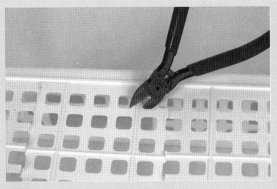

9 電池ボックスとモーターを配置できるサイズになるように、網を一部切り取ります。あらかじめ網の上に電池ボックスとモーターを置いて、およそのサイズを確認しておきましょう。また、プロペラが2枚、干渉しないように間を空けておく必要があります。

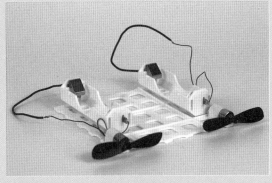

12 モーターも固定します。ここでは両面テープで固定して、さらにビニールテープを巻いています。

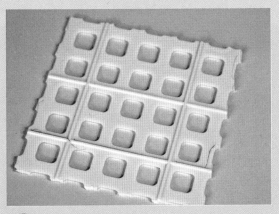

10 網を一部切り抜いて、フレームとします。切り口が鋭い場合には、やすりがけするなどしておきましょう。

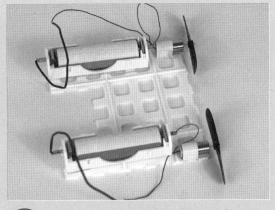

13 電池ボックスにMaBeeeをセットします。スイッチを取り付けていないので、電源が入った状態になります。

MEMO

この状態で、スマホからコントロールが可能かどうか試しておきましょう。

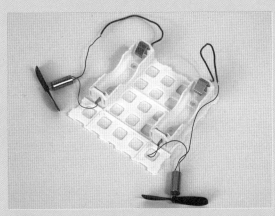

11 フレームの上に、電池ボックスを取り付けます。ここでは両面テープで固定しています。「強力」とかかれた、粘着力が高いものがオススメです。

14 網の穴にビニールひもなどをとおして、下からクリップで固定します。この状態でバランスが取れるかどうか確認しましょう。バランスが取れなければ、穴の位置を変えてみます。

17 バルーンの口をクリップでとめられることを確認しておきます。

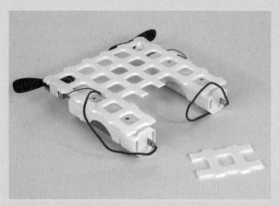

15 どうしても、電池ボックス側のほうが重くなりがちです。場合によっては、フレームを一部切り取るなどしてバランスを取ってみましょう。

バルーンにヘリウムガスを充填

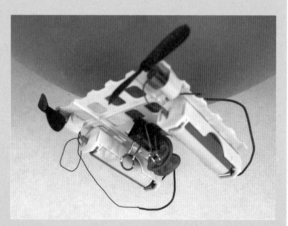

18 フレームの網目からバルーンの口を出して、下からクリップでとめます。

> **MEMO**
> 浮きすぎて天井に付いてしまうような場合や、バランスが取れない場合には、フレームにクリップを取り付けるなどして、調整してみましょう。

16 バルーンにヘリウムガスを入れます。

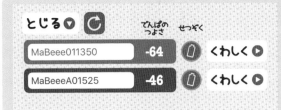

19 スマホと2つのMaBeeeを別々のチャンネルにペアリングします（52ページ参照）。

21 2枚のプロペラがそれぞれ回転することを確認しましょう。

20 2つのレバーに、それぞれMaBeeeがセットされました。左右のレバーを上下することで、MaBeeeをコントロールできます（操作方法は52ページ参照）。

22 部屋の中を自由に飛ばして遊んでみましょう。

実際に飛ばしてみながら、バランスや重量を調整しましょう。

06 フェイクスイーツが動く！"超高速フローズンドリンク"

上級レベル

フェイクスイーツで作った一見本物にしか見えないフローズンドリンクに、MaBeeeを使うといろいろと思いがけない動きをさせることができます。MaBeeeの小型、軽量、操作容易性をうまく生かしたおもちゃです。あなたの家族や友人の目の前でスマホを操作し、無線コントロールすることで驚かせることができるでしょう。縦に、横に、3次元空間を自在に超高速で移動するフローズンドリンクを紹介します。
YouTube動画：https://youtu.be/Fp5CZp4sFW4

[作者] 鈴木宏明さん

左：超高速"回転"フローズンドリンク
右：超高速"ホーバー"フローズンドリンク

超高速"回転"フローズンドリンクの作り方

フローズンドリンクが突然回りだします。2台作成してトントン相撲のようにして遊ぶのも面白いですね！

価格の目安	800円
時間の目安	1時間（フェイクスイーツの乾燥時間を除く）
材料リスト	●MaBeee　1本 ●単四乾電池　1本

- 単三×1電池ボックス×1（ホームセンターや東急ハンズなどで購入可能。通販は秋月電子通商 http://akizukidenshi.com/、せんごくネット通販 http://www.sengoku.co.jp/ など）
- コーヒー用プラスチックカップ×1（コーヒーショップで購入したものを使用）
- ストロー×1（コーヒーショップで購入したものを使用）
- 茶色の軽量紙粘土またはアクリル絵の具（100円ショップ）
- 5mm厚スチレンボード［カラーボード］（100円ショップ）
- ホイップ粘土（100円ショップ）または白の軽量紙粘土＋水＋木工用ボンド（100円ショップ）
- クリーム絞り袋　口金（100円ショップ）
- 2液混合エポキシ接着剤（100円ショップ）
- レジン用顔料（黄色、茶色など）（100円ショップ）
- 工作用紙（100円ショップ）
- モーター［電動消しゴム］（100円ショップ）
- おもり（5円玉、針金など）

プラスチックカップの内側を茶色に塗る

1 カフェラテのように見せるため、カップの内部を茶色にします。茶色の軽量紙粘土を薄く貼り付けるか、茶色のアクリル絵の具を塗ります。

モーター軸におもりを付けてカップに固定する

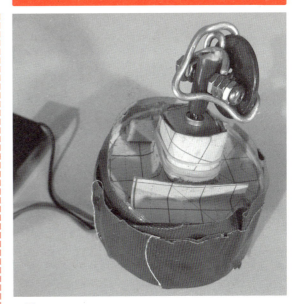

2 振動モーターにするためにモーターの軸におもりを固定します。電動消しゴムのモーターは軸が長くなっているため、これを使うとおもりの固定が楽です。軸に針金を巻き付け、針金でおもりの五円玉を固定します。

MEMO

振動させるため、五円玉が軸の片方に寄った位置で固定をするのがコツです。

フェイクスイーツを作成する

③ カップにモーターを固定します。工作用紙やスチレンボードなどを使うとよいでしょう。ポイントは、モーター軸が垂直軸に対して斜めになるように固定することです。これによりカップが効率よく回転します。

MEMO
回転したときに、おもりがカップに接触しないように注意しましょう。

モーターと電池ボックスを配線する

④ モーターと単三乾電池ボックスを配線します。ハンダ付けするのが確実ですが、配線を端子に巻き付けてもOKです。

⑤ クリームの台としてカップのふちにぴったりはまる大きさの円盤をスチレンボードなどで作ります。クリームは「ホイップ粘土」を使います。なければ軽量紙粘土を水と木工用ボンドを混ぜてクリームぐらいの柔らかさにしてください。

⑥ 口金を付けた絞り袋でスチレンボードの上に渦巻きのようにクリームを絞ります。形ができたら1日以上自然乾燥させるか、低温のオーブン（40度程度）で乾燥させてください。

⑦ チョコやキャラメルソースは2液混合エポキシ接着剤を使います。チョコソースは茶色のレジン用顔料を、キャラメルソースは黄色の顔料を使います。顔料をあらかじめ接着剤A液とまぜておき、そのあとB液と混ぜます。すぐ固まり始めるので、使い捨てスプーンなどですくい、クリームの上に回しかけます。

⑧ 完全に固まったらクリームにストロー用の穴をあけ、接着剤でストローを固定します。

組み立てて完成！

9 電池ボックスに単四乾電池を入れたMaBeeeをセットします。

完成！

10 カップとモーター、フェイクスイーツを組み立てます。すぐ倒れてしまう場合はカップの底に五円玉を入れるなどして調整してみてください。

アプリとペアリングしてコントロールする

0 かたむけてMaBeeeをコントロールしよう！

11 MaBeeeコントロールのアプリを起動します。どのモードでも遊べますが、「かたむき」モードが楽しいでしょう。

12 MaBeeeの番号が表示されたボタンをタップしてペアリングます。

13 かたむきの設定は0〜100の範囲でできますが、数字が大きすぎると動作が大きく、倒れてしまいます。よく回転する、最適な数字を見つけてください。

> **MEMO**
> 平らで硬い机の上で遊びましょう。またカップが動きまわるので机から落ちないよう注意してください。

超高速"ホーバー"フローズンドリンクの作り方

フローズンドリンクがホーバークラフトのように摩擦なく滑るように移動します。ゲームセンターのエアホッケーのように2人でホッケーゲームをしてみたらいかがでしょう！

価格の目安	400円（MaBeee除く）
時間の目安	2時間
材料リスト	●単四乾電池　3本 ●単三×1電池ボックス　1個 ●単四×1電池ボックス　2個 ●コーヒー用プラスチックカップ（コーヒーショップで購入したものを使用） ●ドーム状のふた（コーヒーショップで購入したものを使用） ●5mm厚スチレンボード（100円ショップ） ●工作用紙（100円ショップ） ●モーター［ハンドミキサー］（100円ショップ）

ファンを作る

> **MEMO**
>
> 遠心ファンの設計は東工大ScienceTechono（https://www.t-scitech.net/history/hover/page03.htm）のページを参考にしてください。

① 回転するファンにより風を作り、カップをわずかに浮かせます。方式としてはプロペラファンと遠心ファンがありますが、今回は空気を送り出す力の大きい遠心ファンが適しています。これは適当な市販品がないため工作用紙で自作します。

ファンをモーターに固定する

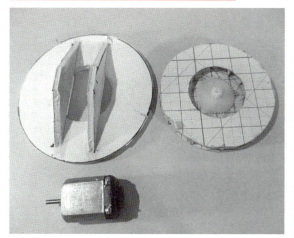

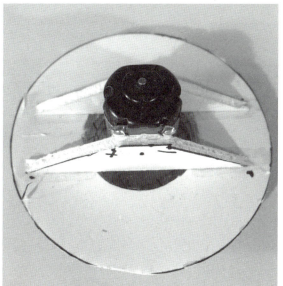

❷ 遠心ファンをモーター軸に固定します。

MEMO

ファンが比較的重く、高速で回転するので固定が難しいのですが、ハンドミキサーの内部にあるプラスチックの平ギアをモーター軸に接着し、さらにギアをファンに接着すると安定して固定することができます。

作品では、100円ショップ（ダイソー）のハンドミキサーを使用しました。

ネジを外して開けます。

内部の部品を取り出します。

プラスチックの平ギアを使用します。

スカートを作成する

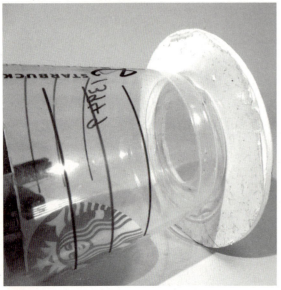

モーターをプラスチックカップに固定する

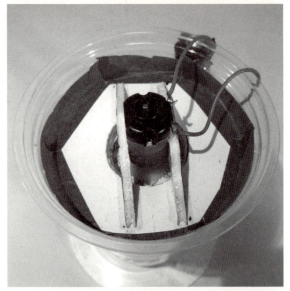

❸ 浮上力を高めるためスカートを取り付けます。スカートが無いと一カ所から空気が抜けてしまい、うまく浮上できません。まずプラスチックカップの底部を大きく丸く切り抜きます。

❹ スチレンボードをカップ底部の2倍ぐらいの大きさに丸く切り出し、中央にカップ底部と同じ大きさの穴を開けます。

❺ スチレンボードをカップの底部に接着します。ボードとカップの間に隙間があると空気が逃げてしまうので注意しましょう。

❻ スチレンボードでモーターをカップに固定します。スチレンボードとカップの隙間から空気が逃げないよう注意します。スチレンボードの中心に吸気用の穴を開けますが、遠心ファンの吸い込み口のサイズと合わせることが重要です。

モーターと電池ボックスを配線する

7 高速でモーターを動かしたいので電池を2～3本直列にします。また、なるべく軽くしたいのでMaBeee用は単三乾電池ボックス、それ以外は単四乾電池ボックスを用いてください。

組み立てて完成！

完成！

8 この機体は上から空気を吸い込むのでフェイクスイーツで覆ってしまうと浮上しません。代わりに穴の開いたドーム型の蓋をかぶせます。

アプリとペアリングして動かしてみよう

0 ←このボタンでMaBeeeをえらんでね！

9 MaBeeeコントロールのアプリを起動します。「スイッチ」を選択します。

10 MaBeeeの番号が表示されたボタンをタップしてペアリングます。

1 スイッチのしたのすうじは、MaBeeeのかずだよ！

11 スイッチをオンにすると浮上を始めるので、手で軽く押してやるとスムースに動きます。

> **MEMO**
> 鈴木さんより、「フローリングの廊下のような場所で動かすとどこまでも滑っていきますよ」とのコメントもありました。滑りやすい場所を探して遊んでみてください。

05 外の風を室内で体感できる "あの風に吹かれて"

中級レベル

外に風が吹くと連動して扇風機が動く、ユニークなアイデアの作品です。外に置いて風を受けるかざぐるま部と、室内に置いて風を送る扇風機部の2つに分かれています。

風によってかざぐるまが回転し、かざぐるまの羽がレバーと当たるときに出た音でMaBeeeをコントロールします。風が吹いた（音がした）分に応じて室内の扇風機が動き、外の風を室内に居ながらにして感じることができます。

[作者]益永孝幸さん

風を受けるかざぐるま部　　　風を送る扇風機部

価格の目安	800円
時間の目安	40分
材料リスト	●MaBeee　1本 ●単三乾電池　1本 ●単四乾電池　1本 ●かざぐるま ●スマホ用ミニジャック ●プラスチックトレー（作者はニコニコのり「味銀6束」を使用） ●スマホ用スタンド ●USB扇風機 ●USB充電器 ※いずれも100円ショップなどで購入可能。

かざぐるまを加工する

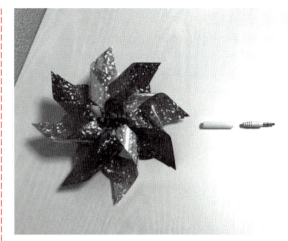

1 100円ショップのセリアで購入したかざぐるまを用意します。

2 かざぐるまからプラスチックパイプを取り外し、適当な長さにカットします。

3 カットしたプラスチックパイプにミニジャックのプラグ部分を差し込みます。
※ミニジャックは、お使いのスマホ端末に合ったものを用意してください。

MEMO

ダイソーやキャンドゥといった100円ショップなどで好みのかざぐるまを購入してもかまいません。ネット通販などを利用してもよいでしょう。かざぐるまはスマホに取り付けるため、軽くて加工しやすい、軸がプラスチックパイプになっているものを選んでください。

4 プラスチックパイプをかざぐるまの裏側に取り付けます。

スマホに付けるレバーを作成する

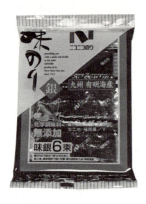

5 ニコニコのり「味銀6束」を用意します。使うのは食品トレーです。

7 かざぐるまに取り付けたプラグを通す穴を開けます。

8 かざぐるまの羽に当たるように長さを調節して、トレーを折り曲げます。

> **MEMO**
> 薄くて軽く、ある程度の強度があればなんでもかまいません。適当なプラスチックトレーを用意してください。

スマホにかざぐるまとカンチレバーを取り付ける　完成！

9 カンチレバーに開けた穴をスマホのイヤホンジャックの穴に合わせ、テープなどで固定しまる。かざぐるまをカンチレバーの穴に通し、スマホのイヤホンジャックに差し込みます。

10 スマホスタンドにスマホをセットします。

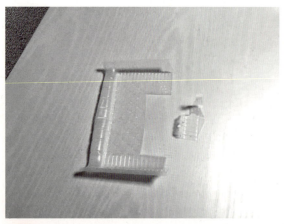

6 食品トレーから、カンチレバーにする部分をハサミで切り取ります。

扇風機とMaBeeeをつなぐ

11 ダイソーで購入したUSB扇風機（300円）を用意します。MaBeeeに単四乾電池を入れ、USB充電器にセットします。

12 扇風機のUSBケーブルを充電器につないでスイッチをオンにすれば、扇風機側の準備は完了です。

MEMO
まったく同じ扇風機でなくても大丈夫です。USB扇風機を用意してください。その場合、乾電池の電力でも動く使用電力の低いミニ扇風機を選びます。

アプリとペアリングして風に吹かれてみよう！

① MaBeeeはマビーとよみます！

13 MaBeeeコントロールのアプリを起動します。「こえ」を選びます。

14 MaBeeeの番号が表示されたボタンをタップしてペアリングます。これで準備は完了です。

① ←このボタンでMaBeeeをえらんでね！

15 ベランダなど、風が通る屋外にかざぐるまを取り付けたスマホを置きます。風が吹いてかざぐるまが回ると、レバーと当たって音が出ます。

16 レバーの音がアプリを操作し、室内に置いたUSB扇風機が回ります。部屋にいるのに外の風を感じられます！

編集部でやってみた！

かざぐるまを加工する

① かざぐるまは、ネット通販で購入しました（約500円）。

② かざぐるまからプラスチックパイプを取り外します。

③ プラスチックパイプを適当な長さにカットします。2cm～3cm程度の長さがあればよいでしょう。

④ スマホのミニジャックを用意します。編集部では、ダイソーのイヤホンジャックを購入しました（10個入り100円）。

⑤ 先端の金具部分は不要なので、外します。

⑥ ミニジャックに対して、かざぐるまのパイプが太いので、パイプの外側にテープで固定することにしました。

⑦ プラスチックパイプをかざぐるまの裏側に取り付け、抜けないようにテープで固定します。

スマホに付けるレバーを作成する

8 ニコニコのりではなく、浜乙女の味のりを購入（218円）。のりの食品トレーでなくても大丈夫です。

11 角に切り込みを入れ、余分な部分をカットします。

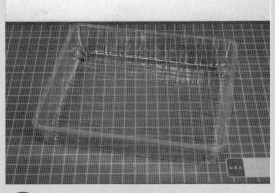

9 食品トレーを取り出します。

12 キリやドライバーの先端を使って、ミニプラグを通すための穴を開けます。手がすべってケガをしないように注意してください。

13 かざぐるまの羽に当たるように長さを調節して、先端を折り曲げます。最終的な調節は、スマホに取り付けたあとに行いましょう。

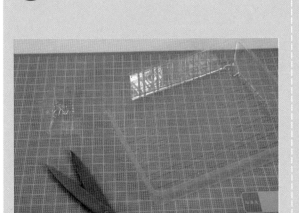

10 かざぐるまの羽に当たる、レバー部分を作ります。深さがあるトレーなので、コーナー部分をカットします。

スマホにかざぐるまとカンチレバーを取り付ける

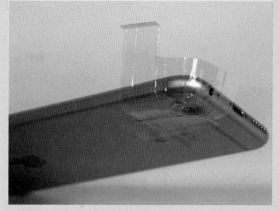

14 まず、カンチレバーに開けた穴をイヤホンジャックの穴に合わせ、テープではり付けて固定します。

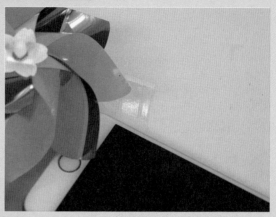

16 試しにかざぐるまを回してみて、うまく音が出るかどうか確認しましょう。さまざまな食品トレーがありますが、購入したのりのトレーは比較的よく音が出るように思います。

15 かざぐるまに取り付けたミニジャックをカンチレバーの穴に通し、スマホのイヤホンジャックに差し込みます。

17 スマホスタンドを用意します。ダイソーで購入しました（100円）。

18 スマホをスタンドにセットします。これでスマホ側の準備は完了です。

スマホに付けるレバーを作成する

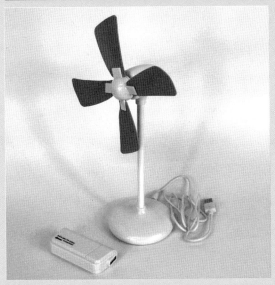

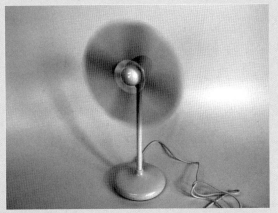

㉒ MaBeeeコントロールアプリを起動し、スマホを外に置きます。かざぐるまが回って、室内の扇風機が動いたら成功です！

⑲ USB扇風機とUSB充電器をダイソーで購入しました（扇風機300円、充電器100円）。

MEMO

乾電池式のミニ扇風機でもかまいません。単四乾電池をセットしたMaBeeeをミニ扇風機に入れればOKです。

MEMO

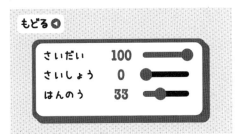

アプリが反応しづらい場合は、「せってい」で音の反応レベルを上げて、うまく扇風機が回るように調整しましょう。

MEMO

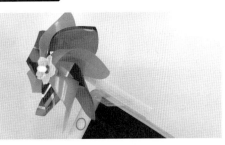

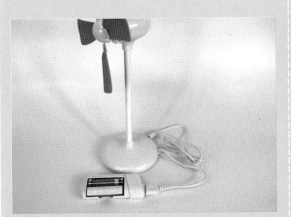

⑳ USB充電器に単四乾電池をセットしたMaBeeeと単三乾電池を入れ、扇風機とつなぎます。

㉑ 扇風機のスイッチをオンにします。

さらに簡単に作成できないかを試してみました。かざぐるまのプラスチックパイプをそのままスマホの側面にテープで貼り付けます。食品トレーはコーナー部分を使用し、スマホとパイプの間に挟むようにして貼り付けました。この方法でも扇風機を動かせました。

08 スマホで操作する絵本 "MASSIRO"

上級レベル

MASSIROは、ページに埋め込んだ小さなLED電球を光らせて、視覚的に子どもたちに楽しんでもらうという目的で作られた絵本です。絵本の中には MaBeeeが入っていて、Bluetooth接続したスマホから操作できます。光り方のコントロールには、アプリ「MaBeeeライト」を使います。

お手本の作例では、3Dプリンターを活用していますが、編集部提案の簡易版の作り方も、あわせてご紹介しています。

［作者］プロジェクトチーム代表三田克紀さん（情報科学専門学校）

価格の目安	1500円
時間の目安	120分（3Dプリンターの出力時間を除く）
材料リスト	●MaBeee　2本 ●単四乾電池　1本 ●単三乾電池　2本 ●A3判用板目用紙（絵本のページに使う紙です。ページは紙を重ねて作るので、丈夫で折り曲げに強い板目用紙を採用しました。ほかに適した材料があればそれを使ってもいいかもしれませんね） ●LED電球（ページに埋め込み、光らせます。単三乾電池1〜3個で動くもので、イルミネーションのように電球同士がコードで繋がっているものが望ましいです） ●電池ケース（使用するLEDの電池が並列だった場合には、直列にします） ●3Dプリンター（本の背表紙部を作るため必要です。プラスチックなど軽くて丈夫な素材を独自で加工できるのであれば必ずしも3Dプリンターを使う必要はありません） ●CADソフト（背表紙部の設計に使います）

絵本の背部分を作成する

1 3Dのオブジェクトを設計できるソフトを使っていきます。まず、ページを背表紙につけるために使うリングを作ります。メモ帳のリングを思い浮かべてもらえるとわかりやすいですね。厚さ7mm、直径7cmの円盤を作ってください。そうしたら円盤の中に5mmほどの幅のアーチを作ります。

2 図のような角度にして270度のアーチでくりぬいた形にします。左側の飛び出ている線はページをリングに通すためのものですので忘れずに。

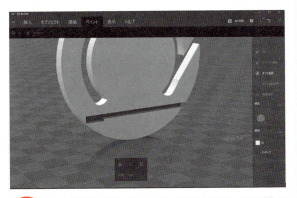

3 次は円盤に溝を入れます。図のように、円の下から測って1cmの所から幅2mm、深さ3mmの溝を入れます。左側の溝は、縦3mm、横8mmです。溝を作るときは先ほど作ったページを入れる部分との向きに気をつけてください。縦3mmの溝がページを入れる部分とは反対側に来るように。溝を入れたら完成です。

4 今作製した円盤は2枚必要なので鏡写しのように反転させたもう一枚を用意してください。

5 2枚目のリングが完成したら次は電池を入れる背表紙の部分を作っていきます。まず、上底1.7cm、下底3.1cmの台形を作ってください。次はその台形を長さ11.7cmに伸ばします。上図を確認してください。次はこの台形を電池が入るようにくりぬいていきます。一回り小さい台形でくりぬいた形にします。

6 この図は、元の台形の幅を3mm程残し、くりぬいた図です。奥のほうはまだくりぬかずに1.4cm残しておいてください。つまり一回り小さい長さ10.3cm、上底1cm、下底2.5cmの台形でくりぬく形です。

7 次は残しておいた1.4cmの部分をくりぬきます。今度は長さ1cm、上底1cm、下底2.2cmでくりぬいてください。くりぬいたらそこの上底部に縦4mm、横13mmの長方形の穴を開けて完成です。

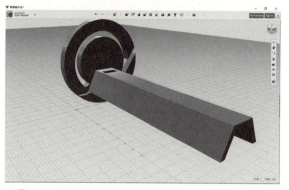

8 最後に、リングと先ほどの台形を図のように結合したら、背表紙部は3Dプリントするだけとなります。

> 編集部でやってみた！

CADソフトの操作に慣れていなかったり、3Dプリンターの利用ができない場合には、市販のグッズを活用してみることにしましょう。編集部では、100円ショップで購入した2穴のバインダーを使ってみました。ひとまずこれで、しっかりとページを綴じることができます。ただし、お手本の作例のように電池や配線をきれいに収めるところまではできません。

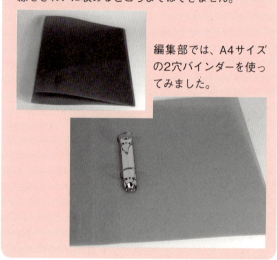

編集部では、A4サイズの2穴バインダーを使ってみました。

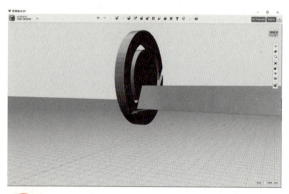

9 同じように、台形も2つ作ってください。

ページを作成する

10 最後に完成した2つの背表紙半分ずつを3Dプリンタで出力し、接着剤などで繋ぎ合わせたら完成です。3Dプリンタの大きさによっては、背表紙を半分に分けて作る必要はないかもしれません。

11 絵本のページを作っていきます。最終形はこのようになります。
※あくまでも図ですのでPCは使いませんよ！

⑫ 用意した板目用紙を長辺から半分のA4サイズに切ってください。

⑬ A4サイズにした板目用紙を8枚重ねて接着します。これが絵本のページを補強するための厚紙になります。

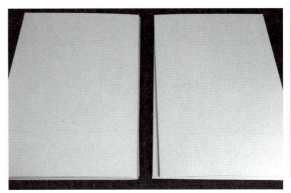

⑭ もう1ページ、同じように作ります。表紙と裏表紙を付けたり、もっとページを増やしたい場合には、同じように作ります。

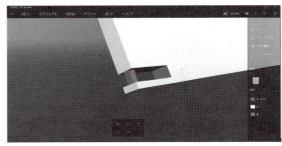

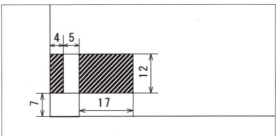

⑮ 次は作製したページと背表紙をつなぐための穴を作ります。ページの長辺から垂直に四角い穴を掘っていきます。まずページの角の短い辺から、7mmのところの長辺上に印をつけてください。

⑯ この印から1.2cmページの長辺に沿って進んだところに印をつけます。今度は二つの印から長辺に対し垂直に4mm線を書いてください。

⑰ 二つの線の先端から5mm開けて長方形を書いていきます。5mm開けたところにページの長辺に対して垂直に1.7cm、短い辺に対して垂直に1.2cmの長さの辺を持った長方形を描きます。

⑱ 最後に4mm書いた線同士を結んで準備は完了です。

⑲ これらの手順は同じ辺の反対側にも同じように行ってください。ここから上図のような形にしていきます。手作業ですと時間がかかり、刃物を使うので気を付けてください。

作例編

MaBeeeで電子工作にチャレンジ

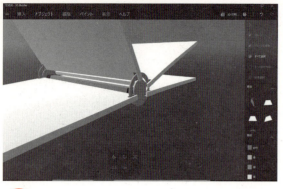

20 くりぬいたらやすり掛けなどをすると形の調整ができます。そして、くりぬかれた穴が背表紙部へと通るか確認してください。

※見やすくするため多少形と色を変えています。

ページにLEDをセットする

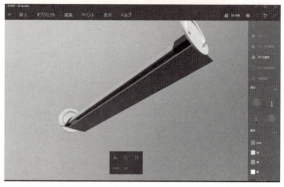

21 LED電球を配線します。背表紙部に開けた長方形の穴にLEDのケーブルを通し、電池を背表紙部へと格納して、ページにLED電球を挟み込んでいきます。

編集部でやってみた！

市販の2穴バインダーを使う場合には、2穴パンチでリングの位置に穴を開けることができます。ただし、板目用紙を8枚重ねた状態では通らないので、用紙を接着する前に2枚ずつくらいを重ねた状態で穴を開けています。

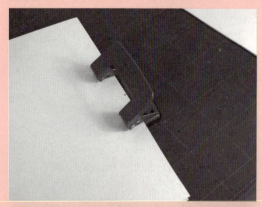

編集部でやってみた！

編集部では、電池ボックス付きで、20球のLEDが連なったクリスマスツリー用イルミネーションをAmazonにて購入しました（MANATSULIFE-イルミネーションLEDライト電飾電池式クリスマスツリー飾り（2M（20LED），ウォームホワイト：840円）。電池ボックスは直列つなぎなので、そのまま使うことができます。背表紙部に収めることはできないので、そのままバインダーに貼り付けることにします。

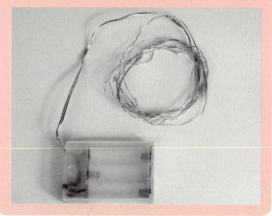

MEMO

使用するLEDの電池が並列だった場合は、用意した電池ケースを使い、直列になるようにつなぎなおしましょう。基本的には電池部分を分解して導線や抵抗を抜き出しハンダを使ってケースとつなぎなおします。こういった作業は慣れている人に代わりにやってもらいましょう。無理をしてやけどをしては元も子もありません。直列で使用できる場合は、そのまま入れば背表紙部へ入れてください。入らなければ並列と同じようにケースを使ってください。

直列つなぎ

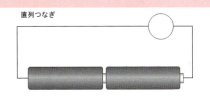

並列つなぎ

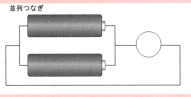

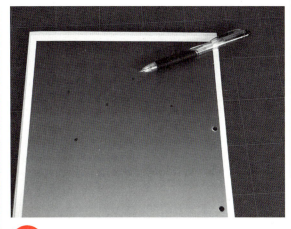

23 LEDを配置する場所をあらかじめ決めておきます。

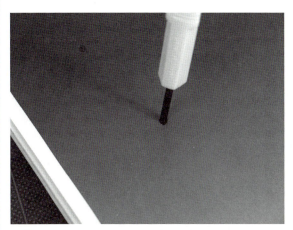

24 LEDをのぞかせる位置に穴を空けます。キリや千枚通しなどを使いましょう。

22 半分に切った板目用紙をさらに1枚用意します。この用紙に絵本のイラストや文章を直接印刷するか、あるいはA4コピー用紙に印刷した絵本のページを貼り付けます。

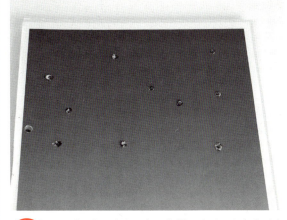

25 ページの中で光らせたい位置にすべて穴を空けます。

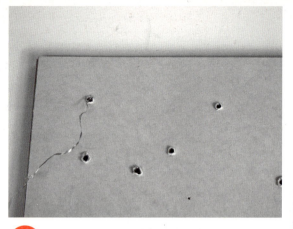

26 穴からのぞくように、LED電球を押し込みます。

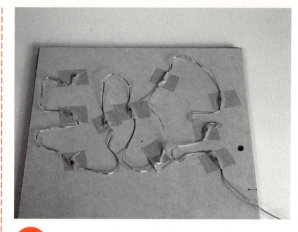

29 1ページ分すべての穴にLED電球を配置しました。

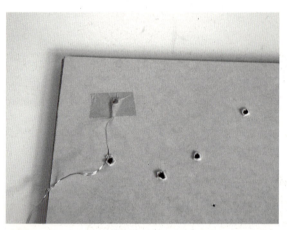

27 編集部では、外れないようにマスキングテープで留めてみました。

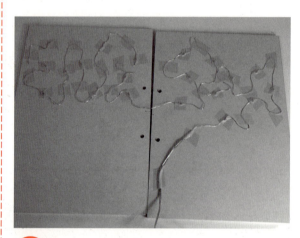

30 同じように2ページ分作ります。

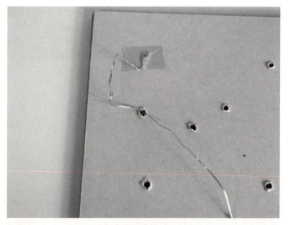

28 2つ目の穴にもLED電球を押し込みます。一筆書きですべての穴を通過できるように工夫が必要です。

31 このあと、最初に作った8枚重ねのページを裏から貼り付けます。ガッチリした裏紙の役割を果たしてくれます。

MEMO

8枚重ねのページにLEDを埋め込むための溝を彫っておくと、配線を固定できていいでしょう。LEDの配線を挟み込み、ページのくりぬいたあたりからケーブルを出して、接着したら完成です。

完成！

32 お手本の完成例です。美しいページのLEDはMaBeeeのコントロールでゆっくり光ったり消えたりします。

編集部でやってみた！

編集部版の完成です。電池ボックスなどは収まっていませんが、簡単に作ってみたい場合には、こちらもお試しください。

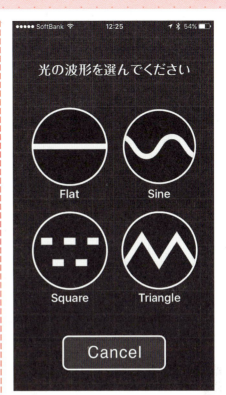

33 LEDの光らせ方をコントロールするには、「MaBeeeライト」（26ページ参照）を使います。光の波形を選択します。

34 選んだ波形に応じて、光らせ方も設定できます。

09 絶対に起きられる目覚まし!? "にげよんくん"

中級レベル

毎朝ついつい寝過ごしたり、アラームを止めて二度寝してしまったり。そんな失敗がありがちな方に、おすすめです。iPhoneアプリ「にげよんくん」のアラームが鳴ったら、ミニ四駆「マンモスダンプ」の荷台にiPhoneを置くまで止まりません。しかも、iPhoneを持って近づくと、ダンプが走って逃げてしまいます! ダンプに追いつく頃には、きっとすっかりと目が覚めていることでしょう。

[作者] 近藤秀彦さん

価格の目安	1000円程度
時間の目安	30分(ほぼミニ四駆の組み立て時間)
材料リスト	●MaBeee 1本 ●単四乾電池 1本 ●単三乾電池 1本 ●ミニ四駆「マンモスダンプ」(推奨) ●iPhoneアプリ「にげよんくん」 ※Android版はありません。ごめんなさい。

アプリをダウンロードする

① 近藤さんが開発したiPhoneアプリ「にげよんくん」をダウンロードします。AppStoreで「にげよんくん」で検索、または下記のURLでアプリをダウンロードできます。

https://itunes.apple.com/jp/app/id1276692379

② アプリのダウンロードとインストールが完了しました。

MEMO

アプリは、近藤秀彦さんがMacを駆使して開発されたものです。AppStoreにて公開となったので、誰でもダウンロードできます。

③ ミニ四駆「マンモスダンプ」を用意します。Amazonなどのネット通販、玩具店、模型店などで購入できます。

④ マンモスダンプを付属の説明書にしたがって組み立てます。

5 マンモスダンプが完成したら、MaBeee、乾電池を用意します。

> **MEMO**
> ※iPhone 6以降の機種を使う場合、大きすぎてマンモスダンプの荷台に乗らないため、荷台を大きくするなどの改造が必要になります。
> ※iPhoneSE、またはiPhone 5s以前の機種なら荷台の改造無しでぴったり収まります。
> ※MaBeeeとiPhoneの距離を判定して逃げる動作やアラームの停止動作をコントロールしているため、マンモスダンプ以外のミニ四駆でも動作はします。
> ※そのため、荷台にのせなくてもピッタリiPhoneをミニ四駆にくっつけることでアラームの停止操作はできます。

6 マンモスダンプにMaBeeeと乾電池をセットします。

完成！

にげよんくんの使い方

1 枕元にiPhoneを置き、足元にマンモスダンプを置きます。マンモスダンプの電源をオンにします。

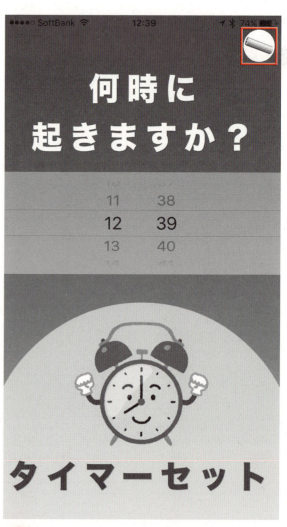

2 アプリを起動して、右上のMaBeeeマークをタップします。

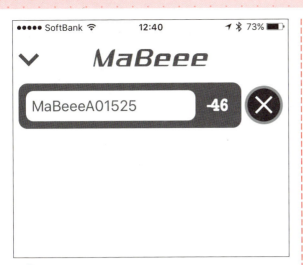

③ タップしてMaBeeeとペアリングします。

⑤ タイマーをセットできたので、朝までぐっすり寝ましょう。

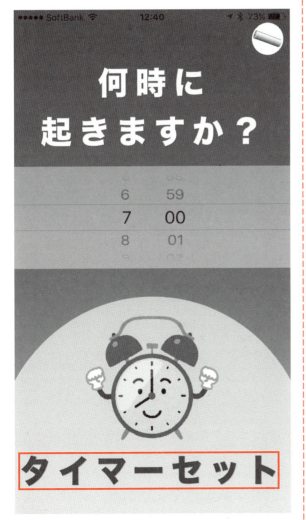

④ 起きる時刻をセットしたら、「タイマーセット」をタップします。

⑥ 朝になって、アラームが鳴ります。

⑦ マンモスダンプが逃げるので、追いかけます。

⑧ 荷台にiPhoneを置くと、アラームが止まります。

⑨ 「おはようございます」、目は覚めたでしょうか？

MEMO

近藤さんより、開発にあたって苦労したことをお聞きしました。
「アプリでMaBeeeとiPhoneの距離を測定することで、逃げる動作やアラームの停止動作をコントロールしています。逃げる速度がはやすぎて捕まえられなかったり、距離の判定で逃げ出すタイミングが悪くて、簡単に捕まえられてしまったり、ちゃんとベッドから起き上がって確実に目覚めるように調整するのに苦労しました」とのこと。
実際に自分で使ってみながら、調整したそうです。

●説明動画
https://youtu.be/5Db58ZKBRpg

●利用シーン
https://youtu.be/JVuj7fJf2T4

●開発者のホームページ・SNS

UDONKONET

Wearable Device
IoTやウェアラブルデバイスに対応したアプリを作っています

Casual Game
シュールなカジュアルゲームを作っています

Tool App
便利ツール系アプリも作っています

Activity
執筆やハッカソン、コンテストなどに参加してます

Contact
お問い合わせは各種SNS・メールでどうぞ

About
屋　　号：UDONKONET（ウドンコネット）
氏　　名：近藤 秀彦
活動エリア：主に愛知県名古屋市・岐阜県大垣市
事業内容：モバイルアプリ開発・WEBサイト制作
　　　　　インストラクター

© UDONKONET

http://www.udonko.net
https://twitter.com/UDONKONET

ジャムハウスの本

MaBeeeの次はプログラミング!?

親子でベーシック入門
Ichigojamで
はじめてのプログラミング

蘆田昇・福野泰介［著］
［本体価格］1,980円
ISBN：978-4-906768-31-8

プログラミング「ベーシック」を学べる入門書です。全ページふりがな付きでわかりやすい！順を追って取り組めば本格的なミニゲームをプログラムすることもできます。
テレビに繋ぐだけですぐに始められるミニパソコン「IchigoJam」を使って解説。
「IchigoJam」付きの「かんたんスタートパック」はジャムハウス直営ショップで取り扱い中です。
「IchigoJam」の電子工作を紹介した電子書籍「親子で挑戦！」シリーズも刊行中。

親子でルールを確認しよう！

新・親子で学ぶインターネットの安全ルール

いけだとしお・おかもとなちこ［著］
つるだなみ［絵］
［本体価格］1,500円
ISBN：978-4-906768-05-9

インターネット・メール・SNSといったツールは今や欠かせないもの。
ですが便利な反面、危険なことも多々あります。今一度、親子でルールを確認してみませんか？
本書では「親子」で取り組むために工夫が凝らされており、見やすい仕様になっております。
最新情報を加筆した電子書籍「小・中学生編」も配信中です！

贈り物を手作りで！

羊毛フェルトをワンランクアップ！
記念日の贈り物

鶴田奈美［著］
［本体価格］1,700円
ISBN：978-4-906768-16-5

フェルトと針を使ってかわいらしい人形やコサージュを作る羊毛フェルト作品。本書はクリスマスや記念日に贈るためのとっておきの作品の作り方を紹介しています。
全ページカラーの写真付きで物語性のある作品を作ることができます。初心者におすすめな電子書籍の「動物と童話の世界」シリーズもどうぞ！

学校の学びを身近に

親が知っておきたい学校教育のこと 1

赤堀侃司［著］
［本体価格］1,700円
ISBN：978-4-906768-38-7

保護者からは見えづらい学校・教育についての疑問や不登校やいじめなどの問題について、現場にも詳しい教育の専門家である著者がひもときます。タブレットと紙ならどっちがいいの？を実験した「タブレットは紙に勝てるのか」は電子書籍としても配信中です。

ジャムハウスのホームページ　http://www.jam-house.co.jp/

ジャムハウスで出している本の紹介はもちろん、刊行書籍にちなんだ情報を発信するプラットフォームです。
新刊情報、電子書籍、各メディアにアクセスすることができます。キャンペーンや得する情報もこちらから。

モノボックス
http://www.mono-box-media.com/

3Dプリンターにプログラミング、そして電子工作……。見ているだけでわくわくする、ものづくりの情報がつまったウェブメディアです！
電子工作は作り方も掲載しているので挑戦もできます。

ジャムハウス電子書籍
https://jam-house-media.shopinfo.jp/

ジャムハウスでは電子書籍も続々刊行中！
羊毛フェルトや電子工作、教育からビジネスまで幅広い品揃え。
刊行した書籍の電子版を中心に、電子書籍オリジナルのものもあるので要チェックです！

- MaBeeeはノバルス株式会社が開発した製品です。
- Android、Google Playは、Google Inc.の商標または登録商標です。
- iPhone、iPad、App Storeは、米国Apple Inc.の米国およびその他の国における登録商標または商標です。
- その他記載された会社名、製品名等は、各社の登録商標もしくは商標、または弊社の商標です。

© 2017 本書の内容は、著作権法上の保護を受けています。著作権者および株式会社ジャムハウスの文書による許諾を得ずに、本書の内容の一部あるいは全体を無断で複写・複製・転写・転載・翻訳・デジタルデータ化することは禁じられております。

- 「MaBeee」製品に関するご質問は、ノバルス株式会社のカスタマーサポートにお問い合わせください。
- 本書の内容に基づく運用結果について、弊社は責任を負いません。ご了承ください。
- 万一、乱丁・落丁本などの不良がございましたら、お手数ですが株式会社ジャムハウスまでご返送ください。送料は弊社負担でお取り替えいたします。
- 本書の内容に関する感想、お問い合わせは、下記のメールアドレスあるいはFAX番号あてにお願いいたします。電話によるお問い合わせには、応じかねます。

メールアドレス◆mail@jam-house.co.jp　FAX番号◆03-6277-0581

- 可能な限り、最新の情報を収録するように努めておりますが、商品のお買い上げの時期によって、同一書籍にも多少の違いが生じるケースがあります。また、これは本書の刊行時期以降の改変などについて保証するものではございません。ご了承ください。

スマホでおもちゃを動かしちゃおう！
MaBeee活用ブック
2017年12月31日　初版第1刷発行

著者	株式会社ジャムハウス
特別協力	大谷和利　近藤秀彦　杉山亮介　鈴木宏明 益永孝幸　三田克紀（情報科学専門学校）
発行人	池田利夫
発行所	株式会社ジャムハウス 〒170-0004 東京都豊島区北大塚2-3-12 ライオンズマンション大塚角萬302号室
カバー・本文デザイン	船田久美子（株式会社ジャムハウス）
DTP	神田美智子
印刷・製本	株式会社厚徳社

ISBN：978-4-906768-40-0
定価はカバーに明記してあります。

© 2017
JamHouse
Printed in Japan